AF290351

Über den Autor:

Urs Lupus arbeitete nach seiner Staatsprüfung als Ingenieur in London und Paris und war anschließend in der Regional-, Städte- und Ortsplanung tätig. Seine Aufgabe war es, die politischen Mandatsträger bei der Entwicklung der Gebietskörperschaften und ihres Nahbereichs fachlich zu beraten. Damit hat er über Jahrzehnte einen umfassenden und detaillierten Einblick in die vielfältigen Strategien, Abhängigkeiten und Sorgen bei ihren Tätigkeiten erhalten. Zwischen ersten Ideen und ihrer Realisierung als Bebauung, Verkehrswege oder Landschaftsveränderungen sind Bürgermeister, Land-, Kreis-, Stadt- und Gemeinderäte vielfältigsten Anforderungen ausgesetzt. Bürger, Grundbesitzer, Juristen, Initiativen, Presse, Unternehmer, Investoren, Experten, Gerichte, Behörden, Parteimitglieder, Verbände, Wissenschaft und Regierung beeinflussen die Gremien bei ihren Entscheidungen. Ihre meistens an den mächtigsten Einflüssen und Interessen orientierten Beschlüsse bewirken beliebige Veränderungen unseres Lebensraums, die täglich in ähnlicher Weise überall auf unserem Planeten stattfinden und damit in ihrer Summe einen erheblichen Beitrag dazu leisten, die Bedingungen für eine menschliche Existenz auf unserem begrenzten Planeten zu verschlechtern.

Dieses Buch entstand somit aus Sorge um die Zukunft, die er mit unzähligen anderen Menschen teilt und die ihn selbst als Vater und Großvater sehr bewegt.

Urs Lupus

Demokraten, gebt eurer Politik einen Kompass!

Nach einem Klimadesaster werden die Menschen zu Wächtern
ihrer Demokratien — warum nicht davor?

Bibliografische Information der Deutschen Nationalbibliothek:
Die Deutsche Nationalbibliothek verzeichnet diese Publikation
in der Deutschen Nationalbibliografie; detaillierte bibliografische Daten sind im Internet über http://dnb.dnb.de abrufbar.

© 2020 Impressum:
Urs Lupus c/o Autoren.Services, Zerrespfad 9, 53332 Bornheim
Cover: Pixabay

Herstellung und Verlag: BoD – Books on Demand, Norderstedt
ISBN: 9783752848311

2017 als eBook erschienen bei Amazon KDP (s. Anhang)

Inhalt

1 Das Pulver des Verderbens
Ein Märchen sieht die Zukunft voraus

Michel ist mit dem Tag zufrieden. Er schlendert von seiner Arbeitsstelle zum Fahrradabstellplatz, der schier aus seinen Nähten platzt, greift sich seinen Drahtesel und radelt heim.

In der Regel ist sein Arbeitstag kurz. Aber auch wenn er mal viel um die Ohren hat, versucht er immer, sich seinen Tag so einzuteilen, dass er abends seine drei kleinen Kinder noch antrifft, bevor sie ins Reich der Träume entschwinden. Er sieht es als seine Pflicht, ihnen jeden Abend etwas vorzulesen, eine Fabel, eine Erzählung oder ein Märchen aus dem großen Buch mit den wunderbaren alten Zeichnungen und Stichen. Natürlich ist ihm diese Aufgabe alles andere als lästig, denn noch mehr Spaß als die Geschichten auch ihm selbst machen, hat er an seinen kleinen aufmerksamen und hörbegierigen Zuhörern. Kein Fernsehfilm, kein Spiel und keine andere Ablenkung ist ihnen so wichtig, als dass sie auf diese abendliche Gewohnheit verzichten wollten.

Heute greift er zu dem Buch, das er zur Freude seiner Kleinen immer wieder einmal auswählt und fragt:

„Wollt ihr die Geschichte vom ‚Pulver des Verderbens‘ hören?"

Er weiß, es ist eine überflüssige Frage und die Antwort kommt wie erwartet aus drei Kehlen gleichzeitig. Er schlägt das Buch auf und beginnt:

„Vor langer Zeit gab es einmal ein kleines Dorf, das von tiefen Wäldern umgeben war und nur über wenige schmale Wege erreicht werden konnte. Darin lebten seine Bewohner, die Bauern und Handwerker, der Dorfvorsteher und die Dorfältesten, der Pfarrer, der Richter, der Wirt und die Lehrerin. Auch ein Dorfnarr wohnte dort. So wurde er kurzerhand bezeichnet, obwohl das, was er sagte, nicht von allen als närrisch empfunden wurde.

Die Natur mit den vielen Bäumen, Sträuchern und Blumen blühte und gedieh, die Felder waren fruchtbar und ließen gesunde Früchte wachsen, die mächtigen Höfe und schmucken Häuser gaben dem Dorf ein stolzes Aussehen.

Die Dorfbewohner werkelten fleißig tagaus, tagein und wenn die Erntezeit da war, trugen die Bauern die Früchte ihrer Arbeit, die sie von ihrem Erwirtschafteten abgeben konnten, in den großen Dorfkeller. Da lagerten die köstlichen Kartoffeln, das gepökelte Fleisch, die geräucherten Schinken, die duftenden Äpfel, der verführerische Wein und viele, viele andere leckere Dinge.

Immer, wenn die Waren oben im Dorfladen knapp wurden, stieg die freundliche Verkäuferin in den Dorfkeller hinab, holte sich das, was sie zum Verkaufen brauchte und füllte damit die Bestände ihres Ladens wieder auf.

Das Leben im Dorf lief gemächlich dahin. Über Jahre und Jahrhunderte wurden immer so viele Nahrungsmittel erzeugt, wie auch verbraucht worden sind. Nur in Ausnahmefällen, wenn sich die Sonne im Sommer rar gemacht hat oder der Regen nicht aufhören wollte, herrschte Knappheit. Die Menschen waren es trotzdem zufrieden. Und Reisende von außerhalb verirrten sich nur selten in das Dorf.

Da begab es sich eines Tages, dass ein fahrender Geselle aus der Ferne in das Dorf kam. Er stellte sich auf den Marktplatz und pries mit beredten Worten ein weiße Pulver an, das jede Ernte auf wundersame Weise vermehren könne. Mit mehr

Pflanzen und Früchten könnten auch die Kühe, Schweine und Schafe besser genährt werden, rief er, jeder könnte dann mehr verkaufen und alle würden ein besseres Leben führen können.

Die Dorfbewohner waren misstrauisch, wie Dorfbewohner eben so sind, sie hatten eigentlich genug zum Leben. Und selbst diejenigen, die nur so viel anbauen konnten, dass sie gerade selbst so über die Runden kamen, konnten dem Angebot nichts abgewinnen.

Am nächsten Tag versuchte der Geselle ein zweites Mal sein Glück. Er kannte die Menschen und ihre Schwächen und gab nicht so leicht auf.

Und tatsächlich, es näherte sich ihm ein gut gekleideter, offenbar wohlhabender Bauer und kaufte ihm ein Säcklein mit dem Pulver ab.

Die Wochen und Monate vergingen und übers Jahr staunten die Dorfbewohner nicht schlecht: der Bauer, der das Pulver erworben hatte, konnte doppelt so viel in den Dorfkeller bringen als früher. So war er für die gesamte Ernte zu klein. Von der Raumnot besonders betroffen waren die kleineren Bauern, ihre Ware wurde ihnen nur noch zum Teil abgekauft. Sie erhielten daher weniger Thaler und blieben auf den Resten sitzen.

Die Dorfbewohner tuschelten unzufrieden. Sie berieten sich mit dem Dorfvorsteher, aber der wollte sich nicht mit dem Großbauern anlegen. Gerade erst im letzten Jahr hatte er von ihm einen Batzen Geld bekommen, damit das Gemeindehaus hergerichtet werden konnte. Auch bei kleineren Bedürfnissen der Dorfältesten hatte der Bauer ein offenes Ohr.

Also gingen die Besonnenen unter den Dorfbewohnern allein zu dem wohlhabenden Bauern und drangen in ihn, das Pulver fortan nicht mehr zu verwenden. Der aber lachte nur und meinte, sie könnten ja auch etwas davon erwerben, dann hätten auch sie mehr zu verkaufen. Kopfschüttelnd ließen sie von ihm ab.

Als sich nach einiger Zeit aber der fahrende Geselle mit seinem Pulver abermals im Dorf sehen ließ, eilten einige zu ihm und kauften ihm alles ab, was er hatte. Der ganze vollbeladene Karren wurde leergemacht. Der Dorfnarr schimpfte laut vor sich hin, „Untergang, Verderben, Tod" rief er immer wieder.

Und es kam, wie es kommen musste. Im nächsten Jahr ernteten alle soviel, dass sie gar nicht wussten, was sie damit anfangen sollten. Dem Wirt war es recht, denn er konnte nun die Verkäufer von Fleisch und Feldfrüchten untereinander ausspielen und so billiger zu seiner Ware kommen.

Über die Jahre kamen immer mehr Fremde ins Dorf, denen der plötzliche Wohlstand zu Ohren gekommen war. Sie wollten sich verdingen und suchten Arbeit und Wohnung. So kam es, dass es mehr und mehr Leute im Dorf gab.

Das war für die Bewohner gut, die ohnehin schon viel Besitz hatten. Sie konnten nun noch mehr verkaufen, noch bessere Geschäfte machen und wurden damit noch reicher. Einige ließen sich von eifrigen zugezogenen Baumeistern aufschwatzen, ihre alten, aber wohlgestalteten Gebäude abzureißen und durch neue größere seelenlose Schachteln zu ersetzen. So veränderte das Dorf langsam sein Gesicht. Dafür verlor es seine Seele.

Die Ärmeren unter den Dorfbewohnern hingegen wurden noch ärmer, weil sie mit dem plötzlichen Wandel nicht mithalten konnten. Weil sich nun auswärtige Handwerker ansiedelten und Werkzeuge mitbrachten, mit denen sie Waren schneller und billiger herstellen konnten, war die Arbeit der alteingesessenen

Bewohner weniger nachgefragt. Sie verdienten nun weniger, manche wurden arbeitslos und Arbeit wurde zum Mangel. So mussten einige ihr Haus oder ihr Land verkaufen und sich bei den Großbauern als Knechte oder Mägde verdingen. Damit konnten die Herren die Not der armen Schlucker ausnutzen und sie für ihr hartes Tagwerk oft nur mit einen Hungerlohn abfinden.

Für die Bautätigkeit der Wohlhabenden musste viel Holz eingeschlagen werden, so dass sich die Wälder immer weiter vom Dorf entfernten. Auch Steine mussten gebrochen werden. Um das Holz und die Steine ins Dorf schaffen zu können, mussten die schmalen Wege verbreitert werden. Viele der unförmigen Hausschachteln wurden nun auch an die Neubürger vermietet oder verkauft.

Davon wurden die Reichen noch reicher. Dies konnte man gut an ihrer Leibesfülle erkennen. Sie mussten sich nun weniger bewegen, denn ein großer Teil ihrer Arbeit konnte mit Geräten verrichtet werden, die sie von weither herbeischaffen ließen. Manche jagten auch ihre angetrauten Frauen davon, weil sie sich von den Verführungskünsten zugewanderter junger Weiber betören ließen, die es nach Wohlstand und gesicherter Versorgung dürstete.

Obwohl die Arbeitslosen lieber heute als morgen eine Arbeit angenommen hätten, wenn es denn eine gegeben hätte, wurden sie als faules Gesindel beschimpft und bespuckt. Die junge, adrette Dorfschreiberin beklagte dies im Lokalblatt, ließ aber keinen Zweifel daran, dass der frische Wind und das Moder-ne dem bisher so verschlafenen Ort gut täte und eine nun bisher nie da gewesene Freiheit möglich sei. Man sah sie des öfteren in Gesellschaft mit den zu Reichtum Gekommenen in lebhaftem Gespräch oder im Gasthaus. Die Frauen im Dorf aber verwunderten sich und tuschelten über ihre ständig wechselnde und zuweilen aufreizende Kleidung, die die Blicke der Männer auf sich zog.

Konnte früher noch alles wiederverwertet werden, was bei den menschlichen Tätigkeiten abfiel, war dies jetzt nicht mehr möglich. Die Abfallmengen aus den Ställen mit den schnell wachsenden und viel zu dicken Tieren, von den abgerissenen Häusern und zu viel hergestellten Nahrungsmitteln wurden außerhalb des Dorfes gelagert und zu einem immer größerem Haufen aufgeschichtet. Wehte der Wind über das Dorf, kam er mit bestialischem Gestank.

Wie immer schon wurde der Mist auf den Feldern verteilt. Da aber auch die Tiere von dem weißen Pulver zu fressen bekamen, veränderte es ihren Mist, so wie es bereits den Boden der Felder verändert hat. Er war steinhart. Auch die Früchte, die aus ihm wuchsen, schmeckten anders als früher. Warum sich manche Dorfbewohner immer öfter rätselhafte Krankheiten zuzogen, die es früher nie gegeben hat, war nicht aufzuklären. Manche starben daran.

Missstimmung breitete sich im Dorf aus. Auf den Straßen und Plätzen wurde laut debattiert und gestritten, die Menschen waren aufgebracht und wütend. Immer wieder kam es zu Schlägereien. Auch in der Dorfschule war der Frieden dahin, die Kinder gerieten sich in die Haare, weil die einen schönere Hosen trugen als die anderen. Es gab eben nicht so viele Väter, die sich öfter eine neue Ausstattung für ihre Kinder leisten konnten und die überdies der Lehrerin Naschwerk zukommen ließen, damit ihr Kind bessere Noten erhielt.

Der Dorfvorstand und die Dorfältesten aber hielten sich raus aus dem Streit, sie kungelten mit den Reichen, ließen sie gewähren und erhielten ihren Lohn dafür, ohne dass es die anderen groß merkten. Immer wieder hielten sie Reden und Ansprachen, die schön anzuhören waren. Mit ihren gedrechselten Worten aber konnten die Dorfbewohner nichts anfangen. Angesichts ihrer täglichen Probleme machten sie die Menschen eher sprachlos und zornig.

Auch der Pfarrer, der anfangs von seiner Kanzel in der Kirche noch gegen augenscheinliche Ungerechtigkeiten gewettert hatte, schlug nach dem Einbau der neuen Kirchenglocke überraschend andere Töne an. Er verwies auf Gott, dem es offenbar gefallen hat, die Dorfbewohner auf die Probe zu stellen. Sie müssten diese Last nun eben auf sich nehmen und durch ihr frommes Verhalten versuchen, ihn wieder milde zu stimmen. Sonderbar verhielt sich auch der Dorfrichter, der sich früher zuweilen als Schlichter angeboten hatte. Ihm hatten die Dorfältesten kürzlich mehr Lohn bewilligt, so dass er in eine größere Wohnung umziehen konnte. Seither ließ er sich im Wirtshaus nicht mehr blicken.

Die Reichen, die ungestört für ihr eigenes Wohl sorgen konnten, hielten sich fern von den ärmeren Dorfbewohnern. Sie erhielten regelmäßig üppigen Nachschub des weißen Pulvers. Sie blieben möglichst unter sich und genossen ihr Wohlleben in Gesellschaft junger Frauen mit frischen Früchten, saftigem Fleisch und süßem Wein.

In einem Juli dann kündigte sich Unheil an. Es kam es zu einer eigentümlichen Wetterlage, die die Menschen nicht deuten konnten und ihnen ein dunkles Unbehagen bereitete. Über den reichlich gedüngten Feldern flirrten schon seit Tagen mit Staub versetzte trockene Luftschwaden gen Himmel. Die Tiere waren unruhig, die Hühner flogen immer wieder auf, die Pferde tänzelten nervös und die Katzen versteckten sich.

Plötzlich ging es los. Mit heftigen Stürmen brach ein unglaubliches Unwetter über das Dorf herein, wie es die Menschen noch nie erlebt hatten. Es blitzte und donnerte aus pechschwarzen Wolkenungetümen Stunden über Stunden. Riesige kalte Eisbrocken hagelten auf Pflanzen und Dächer. Der Regen stürzte vom Himmel wie ein Wasserfall. Es prasselte und goss den ganzen Tag und die ganze Nacht mit unvorstellbarer Gewalt.

Am nächsten Morgen stand das ganze Dorf tief unter Wasser. Die Dächer vieler großer Hausschachteln waren weggeweht oder durchschlagen worden. Zahlreichen Bauwerken waren die zu schwachen Fundamente weggespült, so dass sie eingestürzt sind. Dorfbewohner waren darunter begraben oder ertrunken. Von Sträuchern und Pflanzen auf den Feldern war nichts mehr zu sehen, das Wasser hatte alles fortgerissen.

Als die wenigen Menschen, die die Katastrophe überlebt haben, sich besonnen hatten, packten sie ihre noch verbliebenen Habseligkeiten und verließen fluchtartig ihr verwüstetes Dorf. Sie zogen weit, weit fort und kehrten nie wieder zurück.

Der Dorfnarr aber schaffte es nur bis ins Nachbardorf hinter dem tiefen Wald. Auch hier hatten die Menschen das große Unwetter erlebt. Die kleinen, mit Sachverstand gebauten, wohlgestalteten Häuser hielten dem Regen stand, die nach überlieferten bewährten Regeln bewirtschafteten Felder mit ihren Pflanzen standen zwar unter Wasser, hatten jedoch nur wenig Schaden genommen.

Als er sich von der Wucht der Ereignisse in den letzten Tagen erholt hatte und sein Körper nicht mehr zitterte, erzählte er den Bewohnern in seiner neuen Umgebung, wie es ihm und den Menschen jenseits des großen Waldes ergangen ist. Er berichtete von dem Gesellen mit dem weißen Pulver, der so gute Geschäfte versprochen hat und sich aber seither nicht mehr hat blicken lassen. Er schilderte auch, wie plötzlich der unglaubliche Überfluss da war, der aber nicht zu größerer Zufriedenheit der Menschen führte. Im Gegenteil, er spaltete die Menschen in schwerreich und bettelarm, er führte dazu, dass die Zahl derjenigen ohne Arbeit zunahm, dass viele Menschen krank wurden und sogar verhungerten. Und er berichtete, dass die Art und Weise, wie der Überfluss erwirtschaftet und wie mit der Natur umgegangen worden ist, unmerklich für alle ihre Lebensgrundlage zerstörte und schließlich zum Untergang des Dorfes führte.

Die Bürger hörten sich diese Geschichte aufmerksam an. Die einen lächelten wissend und fühlten sich in ihrer Zurückhaltung gegenüber unbekannten Pulvern bestätigt. Die anderen leisteten innerlich Abbitte gegenüber den weisen Dorfältesten, die von jeher klug und unnachgiebig darüber gewacht haben, das Gleichgewicht im sozialen Zusammenleben und zwischen menschlicher Tätigkeit und Natur so gut wie möglich zu bewahren. Alle waren sich darin einig, dass nur ein Tor etwas zum Wachsen bringt, was unnötig ist und damit in einem begrenzten Lebensraum Schaden verursachen muss.

Das Unglück des Dorfes jenseits des großen Waldes bestätigte sie in ihrer Art zu leben. Für sie blieb das Wohl der Bewohner in ihrem Dorf und der Erhalt ihrer natürlichen Umgebung unantastbar.“

Leise macht Michel das Buch zu, denn die Kinder hatten ihre Augen schon geschlossen.

Er selbst liebt diese Geschichte, obwohl sie ihm gleichzeitig unheimlich ist. Sie wurde vor langer, langer Zeit aufgeschrieben. Wie kann es sein, dass sich dazu erstaunliche Parallelen in Michels bisherigem Leben ergeben haben?

Gerade will er es sich mit seiner Frau im Wohnzimmer bequem machen und sich in die Zeitung vertiefen, da klingelt das Telefon.

Es ist die Pflegeklinik, in der sein alter Freund Georg sein Koma auskuriert, aus dem er vor Kurzem erwacht ist. Er könne nun besucht werden.

2 Koma
Versäumtes soll in einer Rundreise nachgeholt werden

Georg ist Michels väterlicher Freund. Vor seinem Unfall war er als Abgeordneter im Bundestag in Berlin tätig. Die Auffassungen, mit denen er dort das Parlament zu überzeugen versuchte, vertrat auch Michel, aber außerhalb der politischen Institutionen. Er pflegte intensiven Kontakt mit den Bürgern in München und Umgebung und wollte sie für eine Politik begeistern, die dem wirtschaftlichen Handeln mehr Rücksicht auf Mensch und Natur abverlangt. Er sprach sie direkt an, redete in Versammlungen, umgab sich mit gleich gesinnten Protestlern und versuchte, die Menschen von seinen Ansichten zu überzeugen.

Unter vielen anderen stand dabei auch Marie an seiner Seite, wann immer sie konnte. Sie hatten sich am Eisbach im Englischen Garten kennengelernt, Marie beobachtete Michel bei seinen Surfkünsten an der bekannten ‚stehenden Welle‘, sie kamen ins Gespräch. Schon bald lernte sie an ihm sein zielgerichtetes Vorgehen zu schätzen, das ihm gerade durch seine Rücksicht auf begründete Einwände und durch seine Hartnäckigkeit und Zuversicht oft die gewünschte Aufmerksamkeit bei seinen Zuhörern verschaffte. Michel faszinierte an Marie ihr unbändiges Eintreten für Gerechtigkeit und gegen jegliches Ausgrenzen von Menschen. Sie hatte dabei eine Direktheit und Spontaneität, die sie geradezu dafür prädestinierte, an Demonstrationen teilzunehmen und oft an vorderster Front zu stehen. Eine dieser Aktionen damals gegen Atomkraft hätte sie allerdings fast das Leben gekostet. Sie wurde durch einen dieser Wasserwerfer der Polizei so brutal an den Absperrzaun gepresst, dass ihr nicht nur die Kleider vom Leib gerissen wurden — sie wäre beinahe erstickt. Michel stand ihr in dieser Zeit zur Seite und half ihr, sich wieder aufzubauen.

Und dann gibt es da noch den alten Prometheus, den kaum jemand bei seinem richtigen Namen kennt. Er fungierte bei den jungen Protestlern als Quelle des Wissens, kaum eine Frage bei den Themen Klima, Natur oder Soziales hätte er nicht fundiert beantworten können. Sogar beim Finanzthema, das selbst für Spezialisten kaum durchschaubar ist, legt er den Finger in manche Wunde. Wie seine jungen Freunde ist er der festen Überzeugung, dass eine Vielzahl von Menschen unnötig hohe Lebensrisiken tragen müssen und ihren Alltag nicht so gestalten können, wie es eigentlich möglich sein könnte. Er wollte dies ändern und war sich in diesem Punkt einig mit seinem Namensgeber aus der griechischen Mythologie, der den Menschen das Feuer vom Himmel holte und ihnen damit Gutes tun wollte. Bekanntlich gefiel den Göttern dieser Frevel überhaupt nicht. Göttervater Zeus schmiedete ihn zur Strafe an einen Felsen und ließ einen Adler seine immer nachwachsende Leber aus dem Leib hacken. Dieses Schicksal ist dem Freund zwar erspart geblieben. Ihm wurde nichts ausgehackt, alles blieb drin in ihm. Das könnte vielleicht der Grund dafür sein, dass es bei ihm immer wieder zu Frusteruptionen mit lavaheißen Worten kommt.

Weder Michels politische Überzeugungen, noch Maries Forderung nach mehr Gerechtigkeit oder Georgs Verzweiflungsausbrüche über uneinsichtige Wähler konnten aber in der damaligen Welt etwas bewegen — ihre Anhänger blieben eine zuverlässige Minderheit.

Für eine Mehrheit im Lande war die praktizierte Politik einigermaßen in Ordnung. Deutschland hatte eine Menge Gesetze und Polizisten, den Reichen ging es immer besser, die Regale mit Nahrungsmitteln quollen über, die Autos wurden größer und die Menschen konnten miteinander reden und fernsehen, auch wenn sie unterwegs waren. Präsidenten, Kanzler und Minister lobten sich und ihre Arbeit und von Zeit zu Zeit trafen sie sich — immer wieder auch mit Kollegen aus anderen Staaten — an illustren Orten, um sich gegenseitig zu begrüßen, gemeinsam zu speisen, zu winken und publikumswirksame Absprachen zu verkünden. Ab und zu berichteten sie der erstaunten Öffentlichkeit, dass sie etwas bemerkt hätten, was nicht sein dürfe. Nach erfolgten schlimmen Vorfällen äußerten sie ihr Entsetzen, drohten den in ihren Augen Schuldigen mit Strafen und betonten, an der Art der von ihnen befürworteten Lebensweise eher doch nichts ändern zu wollen. Von Zeit zu Zeit machten sie feste Versprechungen, an die sie sich schon bald danach nicht mehr erinnern konnten. Vor den Wahlen, die alle paar Jahre stattfanden, erhöhte sie ihre Präsenz bei Presse, Funk und Fernsehen, damit sie oder Politiker einer anderen Partei danach das Spiel fortsetzen konnten.

In dieser vordergründig intakten Welt, die den Bürgern mit Hilfe der meisten Medien im wesentlichen bestätigt wurde, herrschte normalerweise Ordnung und Frieden. Turbulenzen und Diskussionen, hieß es immer wieder, mögen die Bürger nicht. Viele von ihnen gingen davon aus, irgendwann auch selbst im Luxuswagen in die Zukunft fahren zu können und schenkten ihre Aufmerksamkeit weniger politischer Mitarbeit, sondern privaten Aktivitäten. Standen wieder Wahlen an, entschieden sie sich schon aus Gewohnheit oft für die ihnen bereits bekannte Partei oder verzichteten einfach darauf, ihre Stimme abzugeben. Für die Zweifler hatten die Medien Foren und Debattierrunden eingerichtet, in denen die Teilnehmer ihre Meinungen verteidigten und bei den Zuschauern Zustimmung oder Ablehnung auslösten. Sie erfüllten damit ihre Pflicht und damit sollte dann aber auch Ruhe sein! Die Karawane zieht weiter, auch wenn einige Hunde das Bellen nicht lassen können.

Ansonsten hatten die meisten Bürger Verständnis dafür, dass es auch in einem ordentlichen Staat wie dem ihren nicht ganz ohne Fehlleistungen abgehen kann. So ist nun einmal das Leben und in anderen Ländern geht es ohnehin viel wilder zu. Daher regten sich die meisten nicht besonders auf, wenn Minderheiten über Umweltzerstörungen oder Ungerechtigkeiten klagten. Sie, also die meisten, waren selten direkt betroffen und konnten immer ihrer Empörung Ausdruck verleihen und den Opfern oder den Naturschutzfreunden Spenden überweisen.

Nachdenkliche fragten sich aber, warum es in einem Land mit dermaßen vielen Regelungen überhaupt zu solchen Zuständen kommen kann. Sie ärgerten sich über die immer wieder von Neuem in seriösen Presseorganen beschriebenen Mängel, Skandale und Schäden, die ohne politische Reaktion einfach hingenommen wurden und fragten sich deswegen oft, ob sie tatsächlich in einem Staat mit ausreichenden Schutzregularien leben. Denn nicht nur Bürger im eigenen Land und viele, viele andere — wenn nicht gar der Großteil der Menschheit — war von den zunehmenden Missständen ganz erheblich betroffen und verzweifelten daran. Weltweit äußerten Forscher ihre tiefe Besorgnis darüber.

Der Ausstoß von immer mehr Treibhausgasen, die Bebauung und Betonierung von immer mehr freier Landschaft, die

Misshandlung der Böden durch die Art ihrer Bewirtschaftung, die umfassende Abholzung der Regenwälder und die gewaltigen Verkehrsströme zeigten beunruhigende Folgen: Erwärmung und Schmelzvorgänge an den Polkappen erhöhten den Meeresspiegel, Eisflächen — sogar auf hohen Bergen innerhalb der Kontinente — wurden durch dunkle Verbrennungsrelikte bedeckt und schmolzen mit zunehmender Geschwindigkeit ab, extreme Wetterereignisse mit Orkanen, starken Regengüssen, langanhaltender Trockenheit und verheerenden Bränden nahmen zu, Perma-Frostböden tauten auf, in Hitzesommern kam es zu Tausenden von Toten, Überflutungen von Küstenstädten, Überschwemmungen riesiger Landstriche, Grundbrüche und Bergstürze erfolgten, die Wüstenflächen weiteten sich aus, Sandverfrachtungen entstanden, die ganze Städte unter sich begruben, atemraubende Dunstglocken bildeten sich über Megastädten und ganzen Erdteilen, gewalttätige Auseinandersetzungen infolge von Trinkwassernotständen und der zunehmend knappen Anbauflächen für Nahrungsmittel waren an der Tagesordnung und Todesfälle durch Hunger, Luftverschmutzung, Terroranschläge, Chemikalien, Lärm und ansteckende Krankheiten nahmen zu.

Diese weltweit zu beobachtende Entwicklung hätte eigentlich auch für weniger Nachdenkliche alles andere als beruhigend sein dürfen. Denn sie zeigte, dass die Menschen immer weniger in der Lage waren, mit ihrer Welt so umzugehen, dass sie ihnen auch langfristig noch Lebensraum sein kann. In der Vergangenheit wurde der Fähigkeit der Natur, ohne Rückstände zu produzieren sowie sich Veränderungen optimal anzupassen, noch allergrößte Achtung entgegengebracht. Die Menschen damals hingegen haben — anstatt sich dieses Geschenk klug zunutze zu machen — die komplexen Wirkungszusammenhänge der Natur durch ihr unbedachtes Handeln rücksichtslos zerstört. Einen besonderen Platz beanspruchte dabei die durch menschliches Unvermögen verursachte radioaktive Verseuchung von riesigen Arealen, die auf absehbare Zeit unbewohnbar bleiben oder mit Atommüll belastet sind und deren Beseitigungskosten sich jenseits der schlimmsten Prognosen bewegen. Damit wurden die natürlich gegebenen Lebensbedingungen nicht nur für die wachsende Zahl der Menschen ständig verschlechtert, sondern auch dem Risiko für todbringende Reaktionen unseres Planeten Tür und Tor geöffnet.

Zu den Nachdenklichen gehörten damals Georg und seine Freunde, sie wollten die bedrohliche Entwicklung nicht hinnehmen. Sie misstrauten der von der Politik und ihren Sprachrohren vorgegaukelten grenzenlosen Freiheit, die es zulässt, den tatsächlich nur endlichen Lebensraum auf unserer Welt immer mehr zu zerstören und damit eine existenzbedrohende Knappheit an Trinkwasser, Anbauflächen, sauberer Luft und lebenswichtiger Ressourcen herbeizuführen. Sie misstrauten auch dem global propagierten Mantra, dass es der Menschheit nur dann besser gehen wird, wenn sich immer mehr Kapital bei einer Minderheit und bei wenigen Staaten ansammelt, die es dann mit ständigem Säbelrasseln oder Waffengewalt schützen wollen. Ihre Bedenken sahen sie in der zunehmenden Zahl der Menschen bestätigt, die wegen Klimaveränderungen, aus Hunger, auf Suche nach Arbeit oder infolge von Kriegen und politischer Unterdrückung auf die Flucht machen und damit die Zerstörung und zunehmende Unwirtlichkeit ihrer Heimat belegen. Und sie konnten nicht nachvollziehen, wie man diesen offensichtlichen Problemen blind, taub und tatenlos begegnet, aber gleichzeitig eine edelmütige Weltgemeinschaft der Nationalstaaten beschwört, die zur Durchsetzung ihrer jeweils eigenen Interessen den Schutz des Lebensraums, Menschlichkeit, Recht und Anstand außer acht lassen.

Wie tausende anderer kluger Köpfe warnten sie und versuchten, das Ruder im politischen Mainstream wenigstens etwas zu beeinflussen. Vergeblich! Die engen Verflechtungen zwischen Politik und Wirtschaft und die Furcht der Politiker vor ihrem Machtverlust durch verschreckte Wähler forderten ihren Tribut. Auf die Warnungen vor offensichtlichen Schäden und Belastungen konnte keine Rücksicht genommen werden. Das Dogma eines undifferenzierten und zerstörerischen Wachstums konnte weder von Oppositionspolitikern, von Wissenschaftlern, von Philosophen, von Künstlern, von Fachorganisationen und schon gar nicht von Demonstranten verändert werden. Es schien so sicher, wie die Goldvorräte in Fort Knox.

Prometheus in seinem Frust kritisierte damals lautstark nicht nur die Regierenden, sondern auch die Bürger, die ihre gewählten Politiker eine Kuckucksbrut mästen lassen und prophezeite ihnen, bald aus dem Nest geworfen zu werden.

Das besorgte dann schließlich nicht die gut genährte Kuckucksaufzucht, sondern die malträtierte Natur durch das damalige Klimadesaster. Ihr verheerendes Wüten traf auch Georg, er wurde von tosenden Wassermassen erfasst und entkam nur knapp dem Tod.

Zwischenzeitlich hat sich Georgs Befinden nach seinem Koma mit Hilfe der medizinischen Bemühungen der Pflegeklinik stabilisiert, er kann sich bewegen, hören und sehen und freute sich unbändig, als seine Freunde Prometheus, Marie und Michel um sein Bett herum standen, um sich mit ihm zu unterhalten.

„Ich wusste überhaupt nicht, dass ich bereits seit Jahren hier herumliege", meint Georg, „und kann mich an den Moment des Unfalls nur schwer erinnern. Ich weiß nur noch dunkel, dass ich mich für den Bruchteil einer Sekunde fühlte wie eine hilflose Ameise im Strudel eines Badewannenablaufs. Alles kam so plötzlich und unerwartet schnell.

Aber was davor war, weiß ich noch genau und vor allem, was wir zusammen Wichtiges bewirken wollten."

„Daraus ist ja damals nichts geworden", sagt Marie, „es musste erst zu höherer Gewalt kommen, die leider zahllose Opfer forderte und auch Dich beinahe getötet hätte ..."

„... aber Du wirst es kaum glauben, Georg, zwischenzeitlich ist vieles von dem, was wir damals erreichen wollten, auf einem guten Weg! Wir haben nun eine Perspektive für die Zukunft — allerdings hat der Gewinn dieser Erkenntnis uns allen einen hohen Preis abverlangt." Michel wirkt zufrieden, aber zugleich traurig.

„Ich weiß", erwidert Georg, „das Personal hier hat mir bereits eine Menge erzählt. Dass ich überlebt habe, finde ich schon unglaublich, dass es aber nun auch die von uns ersehnte Perspektive gibt, kann ich kaum fassen. Allerdings hat mich bereits die Klinikwirklichkeit in der Zeit, in der sich meine Nebel langsam lichteten, zum Erstaunen gebracht."

Georg erzählt, wie gut er sich aufgehoben und betreut fühlt, wie aufmerksam sich die Krankenschwestern und Pfleger um ihn kümmern und wie gut ihm das Essen aus der klinikeigenen Frischeküche tut. Ganz offensichtlich hat nicht nur die Liebe, sondern auch die Gesundheit etwas mit dem Magen und so mit dem guten Essen zu tun. Vor einigen Tagen kam ihm dunkel die Erinnerung an die Zeit vor seinem Unfall, in der viele Krankenanstalten eigentlich eher einen schlechten Ruf hatten und ihnen Hektik, Oberflächlichkeit, Personalmangel, Geldschneiderei, fade Industrienahrung und manchmal sogar Praktiken und Versäumnisse nachgesagt wurden, die aus nahezu Gesunden ernsthaft Kranke machten.

Da sein behandelnder Arzt diese Zeit noch aus der eigener Tätigkeit kennen musste, sprach er ihn darauf an.

„Und stellt euch vor, was er mir berichtet hat", Georg scheint es immer noch nicht ganz zu glauben, „die damalige medizinische Versorgungspraxis wurde völlig umgestellt. Es wurde seinerzeit festgestellt, was viele schon wussten oder ahnten, dass sie nämlich meistens mehr dem Wohlstand der Medizinlobby und weniger dem Wohl der Patienten zugute kam. Damals verkauften Staat und viele Kommunen ihre Kliniken in großem Stil an private Investoren. Die schwarzen Schafe unter ihnen — und das waren die meisten — sahen ihr Hauptinteresse in der Anlage ihres Geldes und wollten schnellen Profit machen. Diese Mentalität kombiniert mit den Interessen der Gesundheitsindustrie führte zu unfairen Arbeitsverträgen und Überlastungen des medizinischen Personals sowie unnötigen Therapien, überflüssigen Operationen, minderwertigen Blutkonserven, zweifelhaften Organspenden, resistenten Keimen und übertriebenem oder falschem Medikamenteneinsatz. Der ruinöse Wettbewerb unter den Kliniken verschlimmerte diese Zustände noch.

Dann kam der Wandel, der Patient sollte wieder im Mittelpunkt stehen, er sollte nicht mehr als Kunde und Melkkuh, sondern als Patient gesehen werden, auf seine Kosten sollten keine Gewinne mehr gemacht werden, seine Würde sollte nun wieder geachtet werden. Damit schwand zusehends das Interesse von Investoren, die Kliniken werden heute nicht mehr von profitorientierten Verwaltern, sondern von Medizinern geleitet, Operationen werden nicht mehr durch die Geräteindustrie, sondern von Ärzten durchgeführt, den Patienten wird nichts mehr aufgeschwatzt, es gibt genügend Personal und die Ärzte können sich einer für jeden abrufbaren Bewertung durch Experten und Patienten unterziehen. Eine optimierte Vernetzung und Kooperation der Kliniken untereinander erspart Personal, technische Doppelausstattungen mit Geräten sowie teure bauliche Maßnahmen. Allen Unkenrufen zum Trotz sind dadurch die Heilungserfolge gestiegen und gleichzeitig trotzdem die Kosten für die Betreiber, Krankenkassen und Beitragszahler gesunken."

Prometheus meint burschikos, sie wüssten das alles, sie hätten ja die Entwicklung nicht einfach so verschlafen, wie Georg.

Im übrigen würden sie ihm gerne in einer kleinen Rundtour vorführen, was sich in den letzten Jahren auch außerhalb der Klinikwelt so alles verändert hat.

„In acht Tagen soll ich entlassen werden", meint Georg, „ihr könnt schon mal was vorbereiten!"

3 Stammtisch
Streit über die damalige Globalisierung

Vor kurzem hatten sich Sophie und Max — zwei junge Menschen, die in die Politik einsteigen wollten — an Michel mit der Frage gewandt, ob er ihnen etwas Nachhilfeunterricht aus der Zeit vor dem schrecklichen Desaster geben könnte. Sie waren damals noch Kinder und hatten lediglich die damalige Katastrophe in Erinnerung. Sophie hat Soziologie studiert und Max Ingenieurwesen, seine Eltern haben einen Bauernhof. Sie bekennen sich dazu, die Dinge gerne an der Wurzel anzupacken. Um für ihre Laufbahn zugelassen zu werden, hatten sich beide einem umfangreichen Politikseminar zu unterziehen. Ungelernten Laien waren bereits seit einiger Zeit die Türen der politischen Praxis versperrt — zu komplex sind zwischenzeitlich die globalen Herausforderungen an politisches Handeln geworden. Michel wurde ihnen als einer der Akteure während der damaligen Demonstrationen genannt. Da er sogar bei der damals als ruppig bekannten Polizei als objektiver und verlässlicher Berichterstatter galt, schien er ihnen für ihr Anliegen geeignet zu sein.

Michel wurde sich mit den Freunden einig, die beiden an der kleinen Rundtour teilnehmen zu lassen, die sie für Georg organisieren. So kann ihnen ein lebendiger Blick und gleichzeitig Georg ein Bericht über die durch seinen Bewusstseinsausfall versäumte nahe Vergangenheit vermittelt werden.

Um Sophie und Max eine spezielle Einführung zu geben, lud Michel sie in sein Haus ein. Er führt sie in den Hobbykeller, Stühle hatte er schon bereitgestellt. „Wenn ihr schon einen Abriss der Ereignisse von Anfang an haben wollt, möchte ich euch diese alte Videoaufzeichnung nicht vorenthalten. Sie ist damals kurz vor der Katastrophe in einer kleinen Marktgemeinde mit historischer Altstadt entstanden und gibt recht eindrucksvoll die Stimmung wieder, wie sie damals im Volk weit verbreitet war. Natürlich ist es nur Gerede und man muss davon die üblichen Abstriche machen. Aber seht einfach selbst!" Michel schaltet das Gerät an.

Im Bild ist die Ecke eines gemütlichen Wirtsraumes mit einem großen Stammtisch zu sehen. Das dunkle Holzpaneel an den Wänden schließt in Augenhöhe mit einem Bord ab, auf dem allerlei Krüge und Teller stehen. Unter dem Bord sind klappbare Kleiderhaken befestigt, an denen die Jacken und Mäntel der Gäste hängen. Die Männer sitzen auf massiven Holzstühlen und der wandumlaufenden Bank, die sich an zwei Seiten des dunkelgrünen Kachelofens anschmiegt. Von der mächtigen Lampe über dem Tisch mit der Inschrifttafel „Stammtisch" hängt eine Kordel. Wird sie gezogen, ertönt die Glocke am Ausschank und die freundliche Bedienung beeilt sich zu erscheinen. Schließlich sitzt am Stammtisch keine Laufkundschaft.

Offensichtlich ist der Diskurs bereits fortgeschritten, über dem Tisch schwebt bereits leichter Zigarrennebel, die Biergläser sind fast leer. Gerade bringt Zenzi Nachschub, stellt die schaumgekrönten Frischgezapften auf den Tisch und bewegt ihre dirndlgewandete Weiblichkeit mit Schwung geschickt durch den vollbesetzten Raum zum Zapfhahn zurück.

Sepp, groß und bärtig, schaut ihr beeindruckt nach. „.... und waar' des große Gewerbegebiet dahint' net 'baut wor'n, hätt's a koa neie Strass' durch's Schutzgebiet net braucht!" So etwas sieht er als aktiver Naturschützer entschieden kritisch.

„Waar' doch gar net anders ganga!" widerspricht der seriös aussehende Schorsch und zieht an seiner Zigarre, „mia braucha doch de Wirtschaft mit eahnane Arbeitsplätz'".

Das kommt bei Toni aber nicht an: „besser waar'n d'Arbeitsplätz aber bei uns im Markt und net da drausd". Toni leistet sich den Luxus, selbst zu denken und dies nicht anderen zu überlassen.

Florian, der Akademiker unter den Anwesenden, pflichtet ihm bei: „schon eine starke Konkurrenz für unsere Betriebe im Ort, vor allem für die kleinen. Bei dem Baurecht da draußen siedeln sich garantiert große Unternehmen an, der Bürgermeister verhandelt doch schon. Das passt alles in das übliche Schema: die Großen werden gefördert und sahnen Steuergeschenke ab. Dazu kriegen die auch noch eine neue Straße, denn das Gewerbe hat Lieferverkehr und die Angestellten kommen meistens von weit her."

„Und was hamma dann mia?" sagt Sepp ärgerlich, „unsere G'schäft' und kloane Lädn geh'n kaputt, mia kriagn mehra Arbeitslose, d'Landschaft is' mit am Gewerbegebiet für auswärtige Aktienunternehmen versaut, unser Schutzgebiet hat a neie Strass' und mia ham' den Lärm!"

„Woaß oana, wia des' überhaupts ganga is'," fragt Berti, sich am Kopf kratzend „eigentlich hätt' des gar net genehmigt werd'n derfa, weg'n der Landschaft da draust und am Schutzgebiet und so!"

Da bahnt sich Zenzi wieder ihren Weg zum Stammtisch, diesmal mit den Bratwürsten, die sich der gwamperte Bursch bestellt hat. Sie reicht sie ihm über den Tisch, wobei Bursch offenbar zunächst größeres Interesse an ihrem gut gefüllten Dirndlausschnitt zeigt als an der leckeren Brotzeit.

„Mei" macht sich Toni bemerkbar, „des woaß doch eh' a jeder! So wia so oft bei uns. Da Woiterer is nimmer z'recht kemma mit sei'm Hof, d'Frau is' eam davog'lafa und guade Beziehungen zum Landrat hot der scho oiwei g'habt. De Gesetze san zwar für uns da, aber net für dene. Da ham's hoid a biss'l g'schachert, da Woiterer und der Landrat, Parteispende gegen Genehmigung — woast scho', Telefonat Landrat mit'm schweinskopfat'n Minister, und scho' is' was ganga."

„Oiso unser Landrat is' a anständiger Mo, der tuat was für d'Wirtschaft, net a so wia ees, ihr taat's ja glei gar nix für unser'n Markt" erregt sich Schorsch und kühlt sich mit einem kräftigen Schluck.

„San' ma doch froh, dass de neien Betriebe zu uns kemman, sonst gangaten's woanders hi", mampft Bursch sowohl mit zwingender Logik als auch mit Resten seiner Bratwürste im Mund „und vielleicht kaff'n de Beschäftigten bei uns ei".

„Geh' weida, des glabst ja seiber net'!" ereifert sich Sepp, „bei uns eikaffa! Wo mia oiwei weniger G'schäft' ham! De wohnan net bei uns und de kaff'n nix bei uns! Des sand Fremde! Mit welchem Betrieb verhandelt denn da Buagamoasta, Florian?"

„Soviel ich weiß, mit der Firma Zubona, stellt Einbauteile für Kreuzfahrtschiffe her. Hat ihren Hauptsitz in Köln. Kommt aus Usbekistan."

„Da legst di nieder!" entfährt es Sepp, „Usbekistan, da bei uns! Und Kreitzfahrtschiffe — de wo mit ihrem Schweröl und Müll die Ozeane versauen und ihre Angestellten net zoin! Im Alpenvorland! Oiso dann is des a so: mia in unserer G'moi lassen uns die Landschaft verbau'n vo am Ausländer, wei der Woiterer 'n Landrat g'schmiert hat, zoin eam des vo unsere

Steiergelder, ziagn de Arbeitspendler und den Lieferverkehr vo weit her zu uns, schnauf'n die Abgase ei', damit er, der Ausländer, Teile produzieren kann, die hernach zur Werft nach Norddeutschland transportiert werd'n miassn."

Berti zieht die Kordel an der Lampe, am Ausschank ertönte das Signal und Zenzi steuert den Stammtisch an. „Megt's no was? I sig scho', zwoi, drei, viere — bring' i glei" und bewegt sich, die Männerblicke im Rücken, in Richtung Zapfhahn.

„Dann sollen die Teile für das Schiff mit einem Ausmaß, gegen das das Nymphenburger Schloss eine Hundehütte ist, fertigproduziert werden," übernahm Florian das Wort. „Für die Werkstücke sollen nicht etwa Erzeugnisse aus unserer Gemeinde verwendet werden, sondern Hölzer, Edelmetalle und viele andere Materialien, die aus armen Ländern in Afrika oder Asien importiert werden müssen. Dort werden zwar korrupte Regierungen bestochen, dafür sind aber die Bodenschätze billig zu haben. Denn in diesen Staaten ist nicht nur Korruption, sondern auch sklavenartige Ausbeutung und Kinderarbeit an der Tagesordnung. Sicherheitsvorschriften für den bergmännischen Abbau gibt's da nicht. Unser Hunger nach Ressourcen aus diesen Ländern unterstützt so noch die undemokratischen Regierungen anstatt sie auszubremsen." Er zündet sich eine Zigarette an.

Berti will jetzt auch mal einen Beitrag leisten: „Aber schee is des scho, mit so am Dampfer zum fahr'n. De zwoa Zuagroasten, wisst's scho, de wo in dem neien Architektenhaus am Dorfrand wohnan — greislich wia d'Sau! — war'n in Patagonien. Fotos ham's herzoagt. Mit de Gletscher, de wo da ins Meer einifoin, mit am Duscherer, dass des Wasser meterhoch aufspritzt."

„Des hob i mir denkt", schnaubt Sepp, „de Zuagroasten. Vielleicht is da Woiterer ja a scho längst auf'm G'schmack kemma und mitg'fahr'n. Und de ander'n Spekulanten genau a so. Und de geidigen Oiden. Alle beinand' in a künstlichen Traumwelt. Und unsere reale Welt machan's kaputt!"

„Wos hobt's es denn heit' so wichtig?", Zenzi stellt die Frischgezapften geräuschvoll auf den Tisch, „megt's no wos zum Essen? Du mogst doch an Fisch, gei?" Sie legte ihre Hand fürsorglich auf Sepp's Schulter. „Heit hätt' ma wieder a Sonderangebot — de radioaktiven vo letzte Woch' hama wegschmeiß'n miass'n — Lachse hama kriagt, ja guat, a bissl Pharma is hoit drin, Antibiotika oder sowos. Des muaß sei, sogn's, sonst dadn de Fisch aus de Zuchtfarmen bei lebendigem Leib as faulen ofanga. Dafür tuast aber glei wos gegn dein Huastn! Und dann hama no gengfuadate Hendl und Schnitzel mit a bissl Dioxin drin. Wos Normal's gibt's jo boid nimmer, oder du konnst as net dazoin. Aber an Wurschtsalod hama, Bratwürscht, G'seichts, Bratnfleisch — woast scho, von dera gstinkadn Ammoniak Schweinemast mit de zehntausend Viecher am Weiher draust ..." nach einigen mit Schimpfworten begleiteten Erörterungen zieht Zenzi mit den Bestellungen wieder ab.

„Jetzt seid's doch amoi vernünftig", Schorsch ist diese Herabsetzung der schönen neuen Welt zuwider, „wir tad'n doch ohne die Firmen nia net z'recht kemma. De zoin ja a Steiern und mia brauch'n dee. Wann mia des Gewerbegebiet net ausg'wies'n hätten, na hätt'n mir iberhabst koa Schaans g'habt!"

„Steiern zoin de koane", greift Toni ein, „de dean z'erscht Kredite aufnehma und dann ihr Sach' abschreib'n! Mit inserne Steiergeider! Da seg'n mir jahrelang koan Pfifferling! Und außerdem — wem g'hert de Firma überhaupts? Da Staat subventioniert und subventioniert und spannt oft gar net, dass er Firmen unterstützt, die längst am Ausländer g'her'n. Da moanst, de dean pokern — dagegn is Watten a seriöse Orbat!"

„Irgendwie ist das schon der reine Wahnsinn," meint Florian und zieht an seiner Zigarette, „da wird mit Hilfe von Korruption und Steuergeldern in ein Projekt investiert, das zuerst Landschaft und Umwelt schädigt und mit dem dann die Spekulanten und andere, die nicht wissen, wohin mit ihrem Geld, auf den Meeren spazieren fahren. Dabei werden Abgase in die Luft gepulvert und giftiger Abfall in die See gekippt, in der bereits unvorstellbare Mengen von Plastik, Dreck und Müll schwimmen. Von den Schäden, die so ein Schiff in den angefahrenen Häfen macht, weil es mit dreckigstem Schweröl betrieben wird und daher schädlichen Dieselruß verbreitet, ganz zu schweigen. Wahrscheinlich werden an Bord noch Vorträge gehalten über die Risiken von Meeresverschmutzung und Klimaerwärmung."

Bursch ist nach einer weiteren Stärkung doch beeindruckt von der Diskussion „de san' deppert", meint er nur.

„Dies ist doch ein gutes Beispiel dafür, wie unsere Marktwirtschaft funktioniert" greift Florian wieder ein, „wenige machen Schaden und gewinnen, viele erleiden Schaden und verlieren. Und mit Schaden sind nicht nur finanzielle Einbußen gemeint, sondern ebenso die Ausplünderungen von Mensch und Natur, für die sich niemand verantwortlich fühlt. Gier frisst Hirn! Aber unser Planet ist begrenzt und irgendwann kommt die Rechnung — und zwar an uns alle!"

Schorsch schüttelte missbilligend den Kopf und nimmt die Zigarre aus dem Mund. „Jetzat übertreibst aber wieda! De

Wirtschaft muaß brumma, sunst geht nix voawärts. Und mia ham doch alle was davo!"

„Da werden wir uns täuschen", sagt Florian, „das stimmt nur zum Teil! Gestern habe ich von unserem Dorfbäcker einen guten Vergleich gehört zum Thema Wirtschaft und Globalisierung. Er meinte, wenn er arbeiten würde wie die globalisierte Wirtschaft, dann würde er den Backofen gar nicht mehr ausschalten, denn am nächsten Tag wird sowieso wieder gebacken. Und von jeder Torte schenkt er den Geldigen im Dorf 5 Stück — damit er ihr Wohlwollen behält und ihm die Bäckerei nicht abnehmen. An die normalen Bürger verkauft er ein Stück — mehr können die sich nicht leisten — und die übrigen 6 Stück schmeißt er weg. Klar, dass dann die Umwelt immer wärmer wird und die Oberschicht immer reicher und dicker. Dafür hungert die Unterschicht und der Abfallhaufen wird immer größer. Wenn wir diesen Blödsinn nicht beenden, wird's uns irgendwann dick reingehen!"

„Des ko scho sei", meint Toni, „oba de Globalisierung bringst nimma weg. Do hockn's beinand, de paar großkopfaten Präsident'n und de mehran andern, wos moinst, wos do passiert, wann da Mächtigste net an dicksten Brock'n kriagt?"

Schorsch gibt nicht auf. „Ihr seg'ts des zu negativ! Und so vui schmeiß'n mir aa net weg. A weng mehra muaßt' scho produzier'n. Lass' amoi was sei'! Jetzt lass' bloß amoi was sei'!! Dann host auf oamoi nix! Und de Leit' in de arma Länder miass'n a was verdeana."

„Ja scho", schaltet sich Toni ein, „aber verrecka soin's net miass'n und g'scheit zoit wern soiten's scho a! Da Florian hot scho recht, a guat's Gfui mit dera Globalisierung hob' i aa net und dass oiwei gsagt werd', dass de Wirtschaft wachs'n muaß, des is aa a Schmarr'n. Vui wichtiger war', dass mir bei ins a g'scheide Oarbat ham. Was soit guat sei, wann mir an Mais obau'n miass'n und koa Getreide? Und mit am Mais fahr'n mir Auto und as Brot werd importiert? Aus'm chinesischen Backkonzern aus Minga! Vor fünf Johr ham mir des meiste Brot no selber backen, und a besser's, ois mir jetzt ham, oba ehrlich! Wer woaß, wia lang unser Dorfbäcker no backt!"

„De kloana Handwerker kannt mir heit no ham, wann die Konzerne net so vui Subventionen kriagat'n." Sepp ist wütend. „De kriag'n ois hint und vorn einigschob'n, vo da Regierung in Minga, vo Berlin, vo Europa — wos woaß i! Und an Verkehr machan's — erst kriagn's de Lieferungen vo weit her, dann verteiln's de Ware über's ganze Land. Des meiste kannt'n mir aba genau a so bei uns in der Region produzier'n mit vui weniger Aufwand, weniger Geid und weniger Verkehr. Und Oarbat hätt'n mir a wieda! Wer hot' des uns ei'brockt? Politikschauspieler, Kramer, Leit', de nia was fertig denka. De ganze neoliberale Scheißpolitik, de tuad mia sowas vo stinga, oba a so scho ...." Sepp ertränkte seinen Frust mit Bier.

Dafür setzte Florian sein Bier ab. „Es geht der Politik eben in erster Linie darum, den Großen unter die Arme zu greifen. Wegen internationalem Wettbewerb und so. Dafür bekommen Unternehmen Subventionen oder günstige Kredite. Und dann ziehen die Großen die Kleinen nach und das soll allen nutzen und dann geht's allen besser und besser. Meinen sie."

„Ideologie, taat i sog'n, is' des," schnaubte Sepp, immer noch in Rage, „mir Steierzahler miass'n a no de groß'n Betriebe unterstütz'n, de ins de Oarbat wegnehma, damit de produzier'n kenna, wos mir net braucha, und an Verkehr machan, den mir net woin. Und eanane Gewinne vasteck'ns dann in de Steierparadiese. Und net amoi g'straft wern's dafür — naa, Boni kriagn's!"

„Das ist tatsächlich dem Bürger kaum noch zu vermitteln," nickt Florian zustimmend, „jeder Ladendieb, Falschparker oder Mundräuber wird sofort streng mit Bußen belegt und die Großbetrüger, die tatsächlich ein Problem für die Gesellschaft darstellen, lässt man gewähren. Dabei handeln die kleinen Ganoven aus Not — na ja, meistens wenigstens —, die Großen hingegen aus Gier. Und gerade die Gierigen in den oberen Etagen haben meistens noch die allerbesten Tarnungsmöglichkeiten. Diese Ungerechtigkeit zusammen mit der riesigen Kluft zwischen den Gewinnen der Unternehmer und den Löhnen der Arbeitnehmer ist trockenes Pulver, das nur auf den Funken wartet."

„Mei, des is doch nix nei's", meint Berti, „dene da ob'n san mir doch wurscht. In der Politik kummt jede Drecksau z'recht und die Anständigen schaun mit am Ofenrohr ins Gebirg'! As Volk is oiwei scho b'schiss'n wor'n."

„Wia is' jetzat des, kenn' ma no aufsteh'?" raunzte Bursch mit schwerer Zunge, „dann trink' ma no wos'." Pause. „Und wann net, dann gemma hoam".

Hier endeten die Aufnahmen. „Das ging noch weiter mit der Diskussion, die blieben noch länger sitzen." Michel streckt sich. „Ist ein kleiner Stimmungsbericht von damals und lässt den allgemeinen Volksfrust erahnen. Und — dass das Volk sich doch nicht so leicht täuschen lässt, wie die Politik oft meint. Es war übrigens reiner Zufall, dass wir in dieses urige Wirtshaus geraten sind. Meine Freundin Marie, die ihr übermorgen kennenlernen werdet, hat gefilmt und später das Video den Stammtischlern gezeigt. Sie waren begeistert und meinten, wir könnten es ruhig verwenden, wenn's was hilft."

Max will es schon genau wissen: „das mit der Genehmigung und der Bestechung — war das nicht übertrieben?"

Michel lacht „übertrieben? Das war eher gängige Praxis! Und nicht nur hier in Bayern. So wurde die Demokratie in den Gemeinden ausgehebelt, der Bürgermeister machte entweder mit und die Augen zu — vor allem als Mitglied der bayerischen Volkspartei — oder seine Abwehr wurde bestraft und er konnte seine Wiederwahl vergessen. Aber davon werdet ihr noch mehr hören."

Sophie meint, dass sie die offensichtliche Tatenlosigkeit der Wähler ob der damaligen Politik kaum glauben kann, dass damit aber wohl schon länger Schluss sei und drängt zum Aufbruch. Die beiden bedanken sich für die volksnahe Einführung und verabschieden sich.

„Übermorgen treffen wir uns alle mit dem Bürgermeister dieser Gemeinde!" ruft Michel ihnen noch nach.

4   Markt Stadtdorfen
Der Bürgermeister zeigt die Kompasserfolge vor Ort

Bürgermeister Hinterbrandner erwartet sie am Bahnhof. Er ist ein prächtiges Mannsbild, groß, etwas beleibt, Schnauzer und in bairisches Gewand gekleidet, geht auf die 60 Jahre zu und hat es geschafft, auch noch in der fünften Legislaturperiode in Amt und Würden zu sein. Er konnte sich noch gut an Georg erinnern, sie hatten sich damals einige Male über das Für und Wider politischer Entscheidungen ausgetauscht. Er begrüßt die kleine Gruppe und freut sich darüber, dass Georg es geschafft hat, wieder ins Leben zurückzukehren. Nach dem einführenden Wortwechsel kündigt er an, die vier Älteren mit den beiden jungen Leuten zu Fuß ins Rathaus begleiten zu wollen, um ihnen einiges unterwegs zeigen und erklären zu können. Obwohl er außer Georg keinen aus der Gruppe kennt, unterzieht er sich dieser Mühe, da er zeit seines Lebens ein offenes Herz gerade für junge Leute und ihre Zukunftsfragen hatte.

„Auch in meiner Gemeinde," sagt er, „hat sich gegenüber früher, als wir noch mit Massenproduktion, Massentourismus und Massentierhaltung konfrontiert waren, vieles dramatisch geändert. Mit dem vielen Überfluss gab es damals nur Verdruss!" belustigt über sein Wortspiel gluckste er auf, „von Vielem hatten wir zu viel, zu viel Arbeitslose, zu viel Verkehr, zu viel Hotelbetten, zu viel Milch, zu viel Medikamente, zu viel Fleisch, zu viel Möbel, zu viel Textilien — allein die Menge an verbrauchten Kleidern pro Person wuchs innerhalb von zehn Jahren auf das Fünffache! Nur von dem, worauf es eigentlich ankommt im Leben, hatten wir immer weniger — weniger Arbeit, weniger Handwerker, weniger Bauern, weniger freie Landschaft, weniger saubere Luft, weniger Ruhe, weniger Gesundheit, ... und weniger Miteinander — und dann bei uns in der Gemeinde auch immer weniger Bürger. Obwohl es uns mit weniger Betten in leeren Hotels, weniger Fleisch aus Massentierhaltung und weniger gesichtslosen Möbeln besser gegangen wäre, da weniger Produktion auch weniger Umweltschäden, weniger Energieverbrauch und weniger Finanzaufwand bedeutet, taten wir alles, um aus dem Zuviel ein Nochmehr zu machen. Maß halten war für viele Menschen etwas, das lediglich mit einem Biergarten in Verbindung gebracht werden konnte. Die Wirtschaft musste wachsen, da hatte auch Überflüssiges herzuhalten. Ein merkwürdiges Verhalten, dass in der Natur nicht seinesgleichen findet. Selbst ein Vielfraß überfrisst sich nicht und jedes Lebewesen optimiert in eigenem Überlebensinteresse seinen Energieeinsatz.

Die große Politik versprach uns aber ständig, dass wir goldenen Zeiten entgegengehen, wir müssten nur anpacken und ordentlich konsumieren. Ja, ja, Sie haben recht, auch ich bin Politiker, aber mit denen da oben", der Bürgermeister macht eine bezeichnende Handbewegung, „mit denen da oben und ihren Beschlüssen damals konnten wir hier unten auf Gemeindeebene immer weniger anfangen. Die waren dem intransparenten Einfluss der Profitlobby und den vermeintlichen Vorteilen der Globalisierung dermaßen ergeben, dass sie gar nicht merkten, welche Übel aus der Büchse der Pandora sie da freilassen …."

„… halt, halt, nach der griechischen Mythologie waren die bereits längst freigelassen," unterbrach Prometheus, und stellte sich dabei dem Bürgermeister mit seinem Spitznamen vor, „die Götter wollten damit die Menschen bestrafen, weil mein Namensgeber ihnen das Feuer vom Himmel geholt hat und ihnen damit Gutes tun wollte. Diese vorhandenen Übel sind schlimm genug und hätten nicht noch von interessenshörigen Politikern verstärkt werden müssen."

„So kann man es auch sehen", fuhr Hinterbrandner fort, „und — um bei Ihren griechischen Freunden zu bleiben — die große Politik vertraute einem trojanischen Pferd, dessen schadensstiftende Folgen sie ähnlich falsch einschätzte, wie seinerzeit König Priamos in der von den Griechen belagerten Stadt Troja: er ließ sich von ihrer List blenden und erlaubte, dass sie ihr Danaergeschenk mit der im hölzernen Pferd verborgenen Killerelite in seine mauerbewehrte Stadt einschleusen durften. Für die Trojaner war das ihr Ende.

Mit der als Geschenk verpackten damaligen Globalisierung erging es uns ähnlich unheilvoll. Sie war eben leider auf wirtschaftlichen Handelsaustausch beschränkt und nahm nicht die mindeste Rücksicht auf die erforderliche Schonung unseres Planeten oder auf eine gerechte Behandlung der Erdenbürger, so dass infolgedessen extreme Klimaereignisse und kriegerische Auseinandersetzungen zunahmen.

Wir in unseren Gemeinden mussten hilflos zusehen, wie diese Misswirtschaft nicht nur überall die Mehrheit der Menschen immer ärmer machte, sondern auch die Gemeinde aushungerte, zum Schluss mussten viele Bankrott anmelden und waren auf milde Gaben des Staates angewiesen. Wir Bürgermeister und Räte, die immer ausführen müssen, was oben entschieden wird, die die eigenen geringen Einnahmen größtenteils oft noch abgeben müssen, wir, von denen erwartet wird, dass wir unsere Bürger und Bürgerinnen zufrieden stellen. Natürlich versuchte unser Gemeinderat, die allerschlimmsten Auswirkungen abzuwenden. Schließlich haben wir Kommunalpolitiker wie kein anderer die größte Nähe zu den Menschen und standen deswegen bei Fragen der Verantwortung schon immer in der ersten Reihe."

„Hätte es denn überhaupt Möglichkeiten für die Marktgemeinde gegeben", wirft Max ein, „die nachteiligen Entwicklungen abzubremsen oder zu verhindern?"

„Wir waren in einer verzweifelten Lage", antwortet der Bürgermeister, während sie langsam auf das Marktinnere zu schlenderten, „Wirtschaftskraft und Arbeitsplätze verschwanden allmählich aus unserem Ort, die Produktion von Nahrungsmitteln, Textilien, Haushaltswaren, Einrichtungsgegenständen und vielem anderen wurden zunehmend von großen Handelsketten und Konzernen in weit entfernten Orten wahrgenommen — meistens auf Kosten ihrer Vielseitigkeit und Qualität, die bei der oft weltweiten Vermarktung überflüssig zu sein schien. Oder sie rentierte sich wegen der importierten Billigwaren aus dem Ausland nicht mehr, damals mussten bei uns z.B. eine große Schreinerei, die Papierfabrik und die renommierte Glashandwerksfirma aufgeben. Dann musste auch noch ein Geschäft nach dem anderen wegen des kostengünstigeren Internethandels zusperren. Die ausbleibenden Unternehmenssteuern führten zu leeren Kassen und so mussten wir Kindergärten schließen, unsere Sozial- und Hilfsdienste ausdünnen und unser kulturelles Erbe verrotten lassen. Fünf von unseren acht Arztpraxen zogen in die Großstadt. Es war so, als ob aus unserem Gemeindekörper das Blut rausläuft, das ihn am Leben hält, eine zunehmende Trostlosigkeit gähnte uns an. Und dass in einem vergleichsweise reichen Land wie Deutschland für so viele Menschen etwa kostenlose Mahlzeiten angeboten werden mussten, haben viele als Schande empfunden.

Das müsse alles so sein, wurde immer wieder betont, es hätte schon seine Ordnung! — Aber es war eine dieser zahllosen scheinheiligen Behauptungen, die die Situation als unabänderlich und sogar als gerecht darstellen wollten. ‚Die schlimmste Art der Ungerechtigkeit ist die vorgespielte Gerechtigkeit‘, so sagte schon der griechische Philosoph Platon.

Die Bürger waren frustriert. Sie konnten nicht verstehen, worin für sie die Vorteile der so gelobten Globalisierung liegen sollte: die vielen importierten Waren machten ihren Arbeitsplatz überflüssig, an den Segnungen des Exports in andere Länder waren nur Wenige beteiligt — und dann wurden auch noch Zugeständnisse erwartet, wie z.B. Bauflächenausweisungen auf der grünen Wiese für unbekannte Investoren. Viele mussten die Gemeinde verlassen, arbeitslose junge Leute hatten keine Hoffnung, ich kenne eine Reihe junger Burschen, die ihr Glück im Ausland suchten und als ‚Wegwerfmenschen‘, d.h. als moderne Sklaven ihr Leben fristen. Oder junge Mädchen, die aus Verzweiflung Kinder bekamen. Damit gelangten sie als Alleinerziehende zwar für sich selbst an Unterstützungsleistungen des Staates, versagten ihrem Kind dafür aber die für seine stabile Entwicklung notwendige Mitbetreuung des Vaters, die es erst stark für das Leben macht. Schon damals wunderten sich viele Bürger, dass das Recht von Kindern auf Betreuung durch Mutter und Vater dem Staat unbedeutend schien und glaubten, dass es einfach dem Wunsch von Parteien nach mehr Wählern zum Opfer gefallen ist, wie so vieles andere auch. Oder die Billiggroßhandelsketten — sie schossen dank ihrer Lobbyarbeit wie Pilze aus dem Boden, wozu braucht es da noch heimische

Metzger, Bäcker, Bauern oder Gärtner? Dieser Frust machte phlegmatisch, die Leute hatten Zukunftsangst. Viele ließen ihren Besitz, ihre Häuser herunterkommen. Wozu sanieren, wenn die Kinder keine Perspektive haben oder wenn nur noch mit Verlust verkauft werden kann?"

Es gelingt Max trotz Hinterbrandners Redeschwall eine kurze Bestätigung aus seiner Region unterzubringen. „Bei uns war's genauso. Viele Geschäfte gingen ein, neue Pächter gab es nicht, die Schulen verrotteten, die Toiletten waren ekelerregend, Kinder ärmerer Eltern hatten enorme Fehlzeiten, auch Erwachsene zogen wegen der zunehmenden Arbeitslosigkeit weg — erst recht, als dieser monströse Autobahnbau begann ..."

„.... böse Zungen behaupteten," — Bürgermeister mögen es nicht, unterbrochen zu werden — „unser Marktgemeinderat hätte jahrelang deswegen einen wirksamen Hochwasserschutz an unserem Bacherl auf die lange Bank geschoben, damit im Katastrophenfall mit den zu erwartenden Gebäudeschäden das Bauhandwerk endlich zu einträglichen Aufträgen kommt — was ja dann wegen des Klimadesasters leider tatsächlich auch der Fall war. Oder, die Gemeinde hätte im Winter die vereisten Wege nicht gestreut, damit endlich wieder einmal ein paar Krankenhausbetten belegt werden können! Einfach abenteuerlich!

Als Strohhalm für unsere Not in der Gemeindekasse und bei den Arbeitsplätzen bot sich damals nur die Ausweisung eines neuen Gewerbegebietes an, die allerdings in der Bevölkerung höchst umstritten war — wegen des betroffenen Schutzgebietes und einer neuen Straße. Der in Aussicht genommene Betrieb — ein Zulieferer für den Bau von Kreuzfahrtschiffen — siedelte sich auch an, produzierte ein paar Jahre und als er dann endlich Steuern an die Gemeinde hätte zahlen müssen, meldete er Insolvenz an. Seit Jahren schon steht das Gebäude leer und rottet vor sich hin. Übrigens nur eines der vielen Beispiele, mit denen belegt werden kann, dass das überstürzte Verlagern von Firmen von hierhin nach dorthin wegen vermeintlich betriebswirtschaftlicher Vorteile oftmals unrentabel war. So litt die eine Gemeinde unter dem Wegzug von Betrieben, die anderen unter dem Zuzug und der Bürger an der Verschwendung seiner Steuern, mit denen er angeblich Sinnvolles auch noch subventionieren musste."

Sophie schüttelt den Kopf, „scheint ja tatsächlich alles ziemlich aussichtslos gewesen zu sein".

„Total! Und wir hier im südlichen Baiern — damals noch Bayern mit y — konnten uns noch glücklich schätzen im Vergleich zu manchen Gemeinden z.B. in Franken oder in Thüringen, da war völlig tote Hose und die Arbeitslosigkeit immens hoch. Diese Auslieferung der Politik damals an die menschenverachtende Globalisierung und an die Kräfte der Marktdiktatur mit einer Kommerzialisierung aller Lebensbereiche war für viele wirklich ein Unglück. Die so genannte Marktwirtschaft hatte sich immer mehr verhalten wie ein wildgewordener Autofahrer, der noch nie etwas von einer Straßenverkehrsordnung gehört hat. Und die von der Lebenswirklichkeit abgehobene Politik da oben spielte nicht Ordnungshüter, sondern Beifahrer, der dem Chauffeur immer mal einen Schluck aus der Pulle genehmigte! Aus der Pulle mit einer Mixtur aus Subventionen und Gesetzesblindheit — damit konnte noch waghalsiger gerast werden! Viele zweifelten daher am Verstand der Regierenden und wunderten sich etwa schon gar nicht mehr, wenn sie der Entwicklung von intelligenten Kühlschränken mehr Bedeutung beimaßen, als

der Entwicklung von intelligenten Kindern — so stiefmütterlich
wie sie Schulen und Bildung behandelten!

Und wenn unsereins aus einer Gemeinde um Hilfe von
oben bat, weil er allein für sich keine Handlungsmöglichkeiten
mehr sah — bei rassistischen   Übergriffen, bei der Unterbrin-
gung von Asylanten oder bei der Ansiedlung von Firmen mit
Arbeitsplätzen — war dies meist vergebens. Die hohen Damen
und Herren hatten mit sich selbst genug zu tun, beschäftigten
sich mit Machtspielchen, Krisen und Geldschiebereien, taten so,
als hätten sie alles im Griff und blickten ohnehin gerne von
oben auf die Kommunalpolitik herab.

Zum Glück ist das vorbei. Mit Einführung der Kompassdemokratie erhält nicht nur die Globalisierung die längst über-
fällige Qualifizierung, auch bei uns hier unten laufen die Dinge
so, wie es sich der normale Bürger vorstellt — immer vorge-
stellt hat. Vieles hat sich grundlegend geändert, anderes nicht.
Es war und ist auch zukünftig richtig, sinnvolle Entwicklungen
voranzutreiben, das nützt der Menschheit. Einhalt wird diesem
Streben allerdings dann geboten, wenn dabei Grenzen über-
schritten werden sollen, die das Gemeinwohl schützen. Dies
nahm damals jeder auf die leichte Schulter, auch der einfache
Bürger litt zuweilen unter dem Sonnenkönigsyndrom und meinte, selbstverständlich alles tun zu dürfen — wie der Esel, dem
es zu wohl wird und aufs Eis tanzen geht! Je mehr Geld und
Einfluss er dabei hatte, um so besser gelang ihm dies auch —
leider manchmal sogar bei Konflikten, die auf juristische Weise
ausgetragen wurden. Immer wieder staunten dabei die Bürger,
wie folgenlos Verträge gebrochen werden und wie bizarr Gerichte Gesetze auslegen konnten, wie gut die Esel beurteilt wur-

den und wie wenig dies zuweilen mit ihrem eigenen Gerechtigkeitssinn in Einklang zu bringen war.

Erst die Katastrophe öffnete allen die Augen, der gigantische Schreck hat sie an die gemeinsame Verantwortung eines jeden von ihnen erinnert. Heute sind diese Grenzen klar definiert, die ungezügelten zerstörerischen Kräfte sind gezähmt, alle backen wieder kleinere Brötchen, eine tatsächliche Demokratie hat das Sagen und auch wir aus den kleinen Gemeinden können uns Gehör verschaffen — im Gegensatz zu früher sind uns auf Bundesebene ganz offiziell Mitspracherechte eingeräumt. Wer kann schließlich besser als wir beurteilen, ob die Welt lokal funktioniert? Und funktioniert sie lokal, funktioniert sie auch global." Hinterbrandner steht sein Selbstbewusstsein ins Gesicht geschrieben.

Bevor sich Georg äußern kann, ergreift Michel das Wort: „Das, wofür wir damals gekämpft haben, Georg, und wofür du fast mit deinem Leben bezahlt hast, das ist heute nahezu Realität. Die Politik hat sich gewandelt, sie kann sich heute zurecht nachhaltig und demokratisch nennen. Das Wohl der Völker auf einem geschützten Planeten, das ist der Kompass, an dem sie sich heute zu orientieren hat. Wie das erreicht werden konnte, erfährst du übermorgen bei unserem Ausflug ins Berchtesgadener Land. Lassen wir uns heute einfach vom Bürgermeister weiter informieren!"

Georg nickt und schweigt, aber alle merken ihm an, wie schwer ihm das fällt.

Während die kleine Gruppe durch die belebten Marktstraßen spaziert und der Bürgermeister engagiert seine Erläuterungen vorträgt, wird er immer wieder von entgegenkommenden Passanten begrüßt. Daran erkennen die jungen Leute den

Respekt der Bevölkerung, der dem Bürgermeister entgegengebracht wird und der auch die Glaubwürdigkeit seiner Ausführungen unterstreicht. Als sie durch den altertümlichen Torbogen treten, haben sie freien Blick auf den großzügigen, von eindrucksvollen prächtigen Häusern umsäumten Marktplatz von erkennbar historischer Gestalt.

Hinterbrandner bleibt kurz stehen und wendet sich an die Gruppe. „Ich hatte Sie nicht vorbereitet auf einen Besuch in unserem Pflegeheim mit Klinik, aber ich habe einen kurzen Gesprächstermin darin organisiert. Sie müssen ihn nicht wahrnehmen, aber wenn Sie Zeit und Lust haben?"

Natürlich ist die Zeit da und die Lust sowieso und sie treten in das ehrwürdige Gebäude ein, das aus einem früheren Jahrhundert stammt „ — aus der Zeit der bayerischen Könige, Maximilian II. hat dieses Gebäude errichten lassen. Wäre trotz Denkmalschutz fast ein Opfer der unermüdlichen Geldauftreiber des damals noch existierenden bayerischen Freistaats geworden. Sie als junge Politikanwärter haben das ja nicht mehr miterlebt, damals gab es ja noch den immer wieder erkennbaren Filz zwischen Politik und Wirtschaft. Je nach Bedarf griff die Politik der Wirtschaft mit Steuergeldern unter die Arme und dem Steuerzahler in die Tasche. Im Gegensatz zu den Wirtschaftsvertretern hatten die Politiker von Wirtschaft oft wenig Ahnung und von Finanzwirtschaft meistens überhaupt keine. Prometheus, Du weißt sicher noch, wie viel Milliarden damals immer wieder Konzernleiter in ihrer Gier oder in betrügerischer Absicht an die Wand gefahren haben. Und unsere Landespolitiker hielten sich eine eigene Staatsbank, entschieden über deren Geschäfte mit und machten dabei nicht gerade einen guten Schnitt. Wie immer in solchen Fällen musste damals der Steuerzahler die Bank aufpäppeln, um das Schlimmste zu verhindern. Um die Belastungen der Bürger in Grenzen zu halten, sollte Tafelsilber im Besitz des Freistaats zu Geld gemacht werden — auch dieses Krankenhaus hier. Es gab schon Geschäftemacher, die den Abriss und den Neubau einer Wellnessoase im Sinn hatten. Die Pläne habe ich noch im Rathaus, typische seelenlose Investoren - Ästhetik, allein der Profitmaximierung verpflichtet! Nicht die Spur einer städtebaulichen Eingliederung, einer kulturbewussten Berücksichtigung des denkmalgeschützten Baubestands, der Markplatz hätte sein Flair und die vertriebenen Heimbewohner die Nähe zum Zentrum verloren. Eine anonyme, austauschbare Architektur, die keine Emotionen auslöst, kulturlos, unsozial, allein dem schnellen Geld verpflichtet. Von meinen Kollegen in größeren Städten habe ich ähnliche Schauergeschichten gehört — sogar über den Abriss erst kürzlich errichteter Bauwerke in gelungener Architektur, die aber den Investoren zu alt, zu klein oder zu wenig lukrativ erschienen. Da konnten manche Baumeister gar nicht schnell genug sterben, wenn sie die knirschende Tätigkeit von Abrissbaggern an ihren eigenen Werken nicht noch miterleben wollten. Kultur galt kaum mehr als überflüssige Unterhaltung — eben verzichtbar und mit betriebswirtschaftlichem Profitdenken nicht vereinbar. Dabei stellt sie für viele Menschen einen unsichtbaren Halt dar, der sie die oft harte, persönliche Lebenswirklichkeit überhaupt erst ertragen lässt. — Jedenfalls sicher alles kein Ruhmesblatt unseres damaligen politischen Handelns im Vergleich zu den Errungenschaften im früheren Königreich Bayern mit seiner Einstellung zu Bildung, Kunst, Denkmalschutz und Sozialem.

Die Bauabsichten wurden zum Glück mit Hilfe einer engagierten Bürgerinitiative verhindert. Nach Einführung der

Kompasspolitik konnte die Gemeinde dank ihrer Steuereinnahmen selbst die Sanierung übernehmen. Schließlich ist Kulturförderung in erster Linie Aufgabe der Gesellschaft und nicht der Privatwirtschaft, die mit dem Sponsoring ihren Einfluss über die Maßen zur Geltung brachte, für sich selbst Werbung machte und das eingesetzte Geld auch noch von der Steuer absetzte! Heute hat daher die Bewahrung und Sanierung erhaltenswerter Bauwerke einen hohen Stellenwert."

Bürgermeister Hinterbrandner beendet seinen historischen Rückblick. Sie warten kurz in der mit Steinmetzkunst geschmückten Vorhalle, als sich eine Tür auftut und eine freundliche Dame die Gruppe begrüßt. „Ich habe Sie schon kommen sehen und bei der Klinikleiterin angemeldet. Treten Sie doch bitte näher." Sie hält die geöffnete Tür und macht eine einladende Handbewegung.

Frau Dr. Muthesius heißt den Bürgermeister und die kleine Gruppe willkommen und bittet sie, Platz zu nehmen. „Wie kann ich Ihnen helfen? Sie befinden sich hier jedenfalls in einem Haus, mit dem Bewohner und Personal gleichermaßen zufrieden sind."

„Das kann ich als Bürgermeister nur bestätigen," schiebt Hinterbrandner ein, „unser Markt ist stolz auf dieses Haus."

„Seit dem grundlegenden Politikwechsel ist es generell vorbei mit der Selbstbeweihräucherung," setzt Dr. Muthesius fort, „mit der damals vor allem die auf Profit und politische Geltungssucht versessenen Klinikträger Patienten anlocken wollten wie ein Zwetschgendatschi die Wespen. Heute bewerten die Betriebe im Gesundheitswesen ohne Voranmeldung sowohl lobbyunabhängige Fachleute, als auch Personal und Patienten, damals übliche Kungeleien sind damit heute so gut wie ausgeschlossen. Im Internet ist jederzeit die aktuelle Klassifizierung einsehbar. Heute wird die Klinikleitung auch nicht mehr wie damals mit Halsabschneidern besetzt, die zugunsten geforderter Sparhaushalte oder Maximalgewinne auf gründliche Ausbildung, fachlichen internen Austausch, Hygiene und faire Arbeitsverträge verzichteten, unnötige Operationen und Heilmittelverordnungen veranlassten und jede unangemeldete Kontrolle scheuten, wie der Teufel das Weihwasser. Ich als Leiterin habe eine gründliche medizinische Ausbildung und trage Verantwortung für alles, was die Klinik betrifft und auch für den guten Geist in ihr."

„Damit ist heute der damals gängige Spott fast vergessen," schiebt Michel ein, „der Lebensmüden noch nahelegte, nicht auf den Tod im Straßenverkehr zu zählen, sondern ein Krankenhaus aufzusuchen: da wäre wegen resistenter Krankenhauskeime, gesundheitsschädlicher Medizinprodukte oder Behandlungsfehler ein Unglücksfall mit Todesfolge hundertmal sicherer!"

Sophie schaut Michel ungläubig an. „Das dürfte ja schon ziemlich übertrieben gewesen sein!"

„Die Verhältnisse damals waren eben grundlegend andere," ergreift Prometheus das Wort, „man muss sich vor Augen halten, dass die Menschen damals den ganzen Dreck an kontaminierter Nahrung, an Pestiziden oder gen-veränderten Ergänzungsmitteln in ihre Körper hineingelassen haben und sich zusätzlich noch mit Suchtmitteln und Bewegungsmangel gestresst haben. Weit über 50 000 künstliche Substanzen sollen entdeckt worden sein, die leider auch zu bedenklichen Beeinflussungen des menschlichen Erbgutes geführt haben. Auch andere Negativeffekte waren festgestellt worden — die aufdringliche Konsumwerbung in den Medien wirkte auf Einfältige wie ein paramedizinisches Glaubensmantra. Deswegen konsumierten sie unglaubliche Mengen an Medikamenten und Hilfsmittelchen. Mit dieser gewaltigen Vorschädigung — auch infolge unbekannter komplexer Wirkungen vielerlei Einzelsubstanzen — wurde Michels spöttische Anmerkung in der Tat des öfteren Realität. War aber nicht zu ändern, Chemie und Apparate mussten verkauft werden, die Wirtschaft musste wachsen und der hilflose Steuerbürger durfte seine Gesundheitsgefährung auch noch selbst finanzieren.“

„Was übrigens die Schädigung des Erbguts anbelangt,“ Marie greift diese Thematik noch einmal auf, „so ist ja seit Jahrzehnten eine Abnahme der Zeugungsfähigkeit und Fruchtbarkeit und damit eine immer häufigere ungewollte Kinderlosigkeit festzustellen. Als Ursache werden Schadstoffe aus Umwelt, Nahrung, Kleidung, Strahlung sowie Chemikalien vermutet, also Einwirkungen auf den Menschen, die mit dem modernen Lebensstil verbunden sind. Dies müssen besonders Bürger in den Industrieländern oft mit einem hohen Preis bezahlen.“

Die Klinikleiterin ergänzt, dass mit dem Wandel der Politik die ungünstigen Einflüsse entscheidend abgenommen haben, eine Vielzahl von Möchtegernkliniken stillgelegt werden konnten und heute über eine Zulassung von fragwürdigen Zusatzstoffen gar nicht erst diskutiert wird. Sie betont die Vorteile der aktiven Einmischung des Staates aus Fürsorge um die Gesundheit und das Wohlbefinden seiner Bürger und lobt die vom Gesundheitsministerium geförderte industrieunabhängige Forschung. Erst mit objektiv justierten Grenzwerten bei Krankheiten und erst mit objektiver Prüfung zu Wirksamkeit und Kosten von Geräten und Medikamenten konnten die damals gewaltigen Ausgaben im Gesundheitswesen zurückgefahren werden.

Nach der Beantwortung weiterer Fragen aus der Gruppe ist es ihr noch Bedürfnis, die mit Hilfe eines Bürgerbegehrens erst kürzlich entschiedene Neubelebung der Altersvorsorge anzusprechen. Heute zahlen im Gegensatz zu früher alle Bürger gestaffelt nach ihren Vermögensverhältnissen in den Fond ein, so dass für jedermann zuverlässig eine auskömmliche Mindestrente garantiert ist. Niemand soll einen Ruhestand verbringen müssen, der an seiner Lebensleistung sowie am jeweils aktuellen Wohlstand des Landes gemessen unwürdig ist.

Trotz seiner erfreulichen Klinikerfahrungen traute Georg bei den Ausführungen der Klinikchefin kaum seinen Ohren. Es schien tatsächlich so zu sein, dass die Sorge um das Patientenwohl in der Klinik, in der er auskuriert worden ist, kein Sonderfall war.

Von der Marktkirche ertönen zwei Glockenschläge, die Gruppe bricht auf und lässt sich von Dr. Muthesius aus dem geschichtsträchtigen Haus hinausbegleiten.

Der Marktplatz ist zwischenzeitlich noch quirliger als vorhin. Marie und Michel fällt auf, dass er im Vergleich zu damals, als sie hier im Traditionswirtshaus ihr Stammtischerlebnis hatten, nur noch wenig Beton und Asphalt, aber viel Raum für Grün, Bäume, Fußgänger und Marktstände bietet. Darauf angesprochen, erzählt der Bürgermeister, dass durch die Abkehr der Gesellschaft vom bedingungslosen Wirtschaftswachstum auch die Notwendigkeit entfiel, jedem Gemeindebürger das Autofahren in alle Winkel des Marktes bis vor die Ladentür nahezulegen.

„Was war das damals für ein Geschrei, wenn der Gemeinderat auch nur einen einzigen Parkplatz wegfallen lassen wollte! Als ob dies den Tod der Geschäfte und der gesamten Autoindustrie zur Folge gehabt hätte! Kommerz vor Kultur, Profit vor Moral hieß die Devise! Und nun? Sie sehen ja selbst, die Einschränkung des Autoverkehrs hat den Platz nicht totgemacht, sondern erst zum Pulsieren gebracht! Die meisten Kunden kommen per Fahrrad oder zu Fuß, die neu organisierten Lieferdienste sammeln heute alle möglichen Waren und konnten dadurch ihre Fahrten erheblich reduzieren bzw. das Fahrrad als Transportmittel einsetzen — so haben wir heute weniger Lärm, weniger Abgase, weniger Straßenschäden, weniger Unfälle und eben mehr Platz und mehr Lebendigkeit.

Sehen Sie da vorne die kleine Gruppe mit ihren farbenfrohen Kleidern und Kopfbedeckungen um den türkischstämmigen Gemüsehändler? Unsere vormaligen Flüchtlinge haben sich längst gut in unser Städtchen eingelebt, akzeptieren unsere Regeln und unsere Kultur und werden von den Bürgern als Bereicherung wahrgenommen. Gleich um die Ecke erteilt ein muslimischer Marokkaner norddeutschen Zuzüglern Bairischunterricht …“ — der Bürgermeister lacht — „allerdings ist er hier aufgewachsen. Und überhaupt müssen sogar die Holzköpfe von damals eingestehen, dass die bei uns eingebürgerten Migranten mit einer zunächst nicht vermuteten Kreativität manche Einheimische aus ihrer jahrelangen Schlafmützigkeit geweckt haben. Klar, dass ein richtiger Rathausplatz als öffentlicher Platz und Versammlungsort eben auch Zeichen des Selbstbewusstseins und der Identität der Kommune ist — gerade inmitten einer zusammenwachsenden Welt. Unser Gemeinderat legt deswegen auch größten Wert darauf, dass erforderliche Neubauten keine fratzenhaften Anlagedepots werden, sondern neben den Vorstellungen des Nutzers auch gesellschaftliche Ansprüche erfüllen.

Ja, das Leben kehrte in unsere Gemeinde zurück, als die Kompassvorgaben allmählich umgesetzt wurden. Da das Klimadesaster uns allen einen anderen Umgang mit Versiegelung und Luftverschmutzung auferlegte …“

„… die Risiken waren alle bereits vor dem Desaster bekannt,“ fuhr Prometheus dazwischen, „und hätten längst abgestellt sein müssen! Aber die mediale Welt blendete die Menschen damit, dass es ihnen um so besser ginge, je mehr sie sich mit Kleidern, Autos und Reisen eindecken würden. Diese Botschaft wurde ihnen auf allen TV - Kanälen, im Internet und mit Werbesprüche an allen Ecken ihres Aufenthalts eingetrichtert, denn damit konnte Profit gemacht und die politische Macht gesichert werden. Die Kehrseite dieser Medaille, nämlich die zunehmende Zerstörung unserer Welt und die dadurch wachsenden Gefahren wurde unter den Teppich gekehrt. Ganze Hundertschaften von Forschern aus aller Welt haben gewarnt, gewarnt, gewarnt …“

„… richtig,“ holte sich Hinterbrandner das Wort zurück, „die da oben hatten anderes im Sinn. Aber ob wir hier unten, also die Bürger in unserer Gemeinde, hätten überzeugt werden können? Wer von ihnen hätte sich die Mühe gemacht, sich Einsicht in komplexe Wirkungskreisläufe zu verschaffen? Und wer hätte überhaupt die Zeit dazu gehabt? Das macht heute auch keiner. Die meisten haben mit der Organisation ihres täglichen Lebensprogramms genug um die Ohren. Wenn damals die Wirtschaft bei jeder ihr passenden Gelegenheit ihr Totschlagsargument ‚Arbeitsplätze‘ aus dem Sack holte, brannte bei allen die rote Warnlampe. Gingen die Politiker damals nicht darauf ein, machte die Skandalpresse sie fertig! Da hatten Hinweise auf Landschaftsversiegelung oder Luftverschmutzung nicht die geringste Chance, überhaupt nur gehört zu werden!

Heute dagegen sitzt bei Vielen noch immer die Furcht im Nacken, dass sich das erlebte klimatische Desaster wiederholen könnte. Nach dem furchtbaren Ereignis damals gab es eben keine Wahl mehr, die Politik musste auf die Bremse treten, Wachstum um jeden Preis war vorbei, es wird nun mit mehr Qualität produziert, die Arbeitswelt musste umorganisiert werden, Nahrungsmittel, Waren und Energie werden, soweit irgend möglich, lokal hergestellt. Schließlich hat es noch zu keinem Zeitpunkt irgend einen Sinn gemacht, Eier, Fleisch oder Karotten aus Tausenden von Kilometern Entfernung herbei zu kutschieren, wenn man sie sich gleich um die Ecke besorgen kann. Damit verringert sich der internationale Warenverkehr, die Großkonzerne werden weniger oder verkleinern sich, es gibt mehr kreative Mittelstandsfirmen, Betriebsansiedlungen finden nicht mehr auf der grünen Wiese statt. Auf diese Weise nehmen Verkehrsmengen, Bodenversiegelungen und Luftverunreinigungen ab und damit auch die Risiken für neuerliche Klimadesaster.“

„Das heißt, dass die Katastrophe notwendig war, um die Gemeinden wieder zum Blühen zu bringen?“ Sophie wollte das nicht so ganz glauben.

„Das war wohl so!“ Hinterbrandner schien ob des schrecklichen Unglücks darüber nicht begeistert. „In meinem Alter weiß man, dass Menschen leider oft so geartet sind, dass ihnen erst ein Licht aufgeht, wenn sie eins über den Schädel kriegen. Als Schulbuben haben uns die Lehrer noch Tatzen mit dem Stock verabreicht, wenn wir ihnen die verlangte Aufmerksamkeit nicht entgegenbrachten — war sicher für den einen oder anderen ganz hilfreich!

Jedenfalls führte die erzwungene Einsicht etwa dazu, dass kleinere Firmen in leerstehenden Gebäuden unterkommen. So werden viele dieser Anwesen wieder instand gesetzt, denn Sanierung hat immer Vorrang vor Neubau. Die Handwerksbetriebe hatten damit wieder Arbeit. Die allgemeine Erkenntnis, nur noch mit Bedacht produzieren zu dürfen, reduzierte die Gütermenge. Da trotzdem gleichzeitig möglichst viele Menschen Arbeit finden sollten, führte dies notwendigerweise zu einer Verkürzung der täglichen Arbeitszeiten. Von einem Druck auf Neuausweisung eines Gewerbegebiet ist heute nur noch wenig zu spüren, obwohl unser Gemeindegebiet mit der Reform gegenüber damals flächenmäßig erheblich vergrößert worden ist. Daher bin ich als Bürgermeister auch nicht mehr Erpressungsversuchen von Grundbesitzern ausgesetzt. Und diese gewandelten Zustände finden sich nicht nur hier in Stadtdorfen, sondern allmählich überall in unserem Kompassstaat — auch in den großen Städten.

Durch den Entfall der Subventionen für die Verkehrs- und Nahrungsmittelindustrie und die Aufwertung der regionalen Lebensmittelherstellung haben unsere Bauern, die die damalige Durststrecke überlebt hatten, wieder gute Absatzbedingungen für ihre naturbelassenen Qualitätsprodukte in unserer Region. Wie für das köstliche bairische Bier gilt ja nun auch für die Lebensmittel ein Reinheitsgebot, das strikt einzuhalten ist. Gegenüber früher werden daher nicht mehr gleich große und gleich fade, unreife Tomaten aus großen Entfernungen angeboten, sondern köstlich riechende, reife und wohlschmeckende Früchte aus der Nachbarschaft. Und der Verbraucher kann sich auf die

Qualität der nun nicht mehr kontaminierten Ware verlassen und muss sich nicht mehr ständig über fragwürdige Inhaltsstoffe informieren.

Die Landwirte können sich Steuerabgaben sparen, wenn sie unsere z.Tl. immer noch völlig zerstörte Landschaft wiederherstellen und pflegen. Mit der damaligen blindwütigen Kommerzialisierung wurde jedes traditionelle Wissen der Bauern um Zusammenhänge in den natürlichen Abläufen sozusagen untergepflügt, alles musste chemotechnisch behandelt bzw. mit Stumpf und Stiel ausgerottet werden, den großen Maschinen war jede Bodenunebenheit, jeder Baum, jeder Strauch ein profitminderndes Hindernis. Mit den heute gültigen Vorgaben wird den damals entleerten Monokulturländereien wieder Vielfalt, Qualität und Kultur zurückgegeben, das Gelände wird nicht mehr den Mammutmaschinen angepasst, sondern die Maschinen dem Gelände. Gegenüber damals haben auch in unserer Gemeinde Großinvestoren ihre Flächen wegen zu geringer Profiterwartung wieder verkauft, heute haben wir hier bei uns und in den Nachbargemeinden eine gesunde Koexistenz von Kleinbauern und mittelgroßen Betrieben. Da diese Struktur kurze Wege vom Erzeuger zum Verbraucher sicherstellt, ist sie auch das effektivste Mittel zur Bekämpfung von Armut und Hunger und wird vor allem in den Kompassländern in Afrika und Asien mit Hilfe ihrer Regierungen durchgesetzt — ein Prozess, der ohne den politischen Wandel kaum vorstellbar gewesen wäre.

Die damalig verbreitete Massentierhaltung zu Lasten von Tier, Natur und Verbraucher ist längst Geschichte. Man kam schließlich an der Tatsache nicht vorbei, dass die Fleischproduktion aufgrund des hohen Wasserverbrauchs und des gigantischen Flächenbedarfs für Weideland und Futtermittelanbau den

Hunger in der Welt nicht stillte, sondern beförderte, und musste daher der pflanzlichen Ernährung Vorrang einräumen. Dabei setzt man heute auf die über Jahrhunderte bewährte, aber neuesten Erkenntnissen angepasste traditionelle Landwirtschaft. Zwischenzeitlich können wir bei uns erkennen, wie durch natürliche Fruchtfolge, durch Optimierung biologischer Düngung und stetige Pflege die natürliche Fruchtbarkeit mit Bodenbakterien und Regenwürmern langsam wieder hergestellt wird. In der Landschaft nimmt die Vielfalt der Pflanzen und Tiere zu. Die erkennbaren Erfolge zeigen, wie verfehlt die anfangs vielfach vorgebrachten Vorwürfe der Industrie waren, man würde mit den zwischenzeitlich durchgesetzten Änderungen längst überholten oder romantischen Vorstellungen nachhängen.

Der verringerte Chemieeinsatz hat auch der Gesundheit der Menschen ausgesprochen gutgetan, die Zivilisationskrankheiten infolge der vielen Gifte in Nahrung, Medikamenten, Kleidung, Gewässern und Atemluft scheinen auf dem Rückzug zu sein. Und die Imker freuen sich über die zunehmende Zahl von Insekten und Bienen, die damals durch die massenhaft verwendeten Spritzmittel und den flächenfressenden Maisanbau fast ausgerottet worden wären. Hätten wir mehr Zeit zur Verfügung, ich könnte ihnen einige der Landschaftskultivierungen mit neu angelegten Hecken und Baumalleen, Feldwegen, Sträuchern und kleinen, lebendigen Bächlein mit Flusskrebsen zeigen.

Eine ähnliche Wiederbelebung erfuhr unser Handwerk, nachdem auch hier der unseligen Konkurrenz durch internationale Konzerne mit ihrer billigen Massenproduktion klare Grenzen gesetzt worden sind …“

„… was auch Beweggrund dafür war, in unserem täglichen Alltagsleben handwerkliche Fähigkeiten wieder aufleben zu lassen," unterbricht Prometheus, „denn damals gab es immer mehr Menschen, die noch nicht einmal einen Nagel einschlagen, ein Huhn ausnehmen, ein Fahrrad reparieren oder kochen konnten. Weil viele jungen Leute darin auch keinen Sinn mehr sahen — denn für alles gab es Billigersatz — wandte sich ihr Interesse dem massenhaften Nachrichtenaustausch mit virtuellen Freunden, dem Dosenbier oder schlimmeren Drogen zu — eine Beschäftigung, die weder Befriedigung vermittelt noch zukunftsfähig ist …"

„… aber dem allgemeinen Frust in der damaligen Zeit Vorschub leistete," meint Hinterbrandner, „eine Aufgabe zu haben, ist eben für jeden Menschen ähnlich lebenswichtig, wie Nahrung. Deswegen war es ja auch für unser Gemeindeleben so segensreich, dass mit dem Politikwandel nun unsere Arbeitsleistung wieder gefordert war. Wer möchte schon als Jugendlicher oder in der Mitte seines Lebens stehend zum Nichtstun verdammt sein? Oder als Komiker in Werbespots auftreten müssen anstatt eine befriedigende Beschäftigung ausüben zu können?

Zwischenzeitlich sind übrigens kaum noch Produkte auf dem Markt, die den nachhaltigen Kompass - Standards nicht genügen. Die Waren der Region haben eine unmissverständliche Information über Herkunft und Inhaltsstoffe und unterliegen einer neutraler Kontrolle — übrigens mit ausdrücklichem Einverständnis der örtlichen Erzeuger, weil es so auch für sie selbst gerechter zugeht. Jedem Händler sind die strengen Haftungsbedingungen bekannt. Würde ihm der Verkauf von vergiftetem Spielzeug, Tropenholzmöbeln, zusammengeklebtem Fleisch oder von unzulässigem, gen-verändertem Gemüse nachgewiesen werden, drohten ihm empfindliche Strafen. Und dies gilt für alle Kompass - Staaten, d.h. überall gibt es eine Renaissance der kleinen Einheiten, da freuen sich also nicht nur etwa unsere einheimischen Milchbauern mit ihrer naturnah erzeugten Milch, sondern ebenso die französischen Bergbauern oder die spanischen Fischer. Mit dieser Politik wurde genau den Menschen zu Erfolg verholfen, die mit Fleiß, viel Liebe, Sachkenntnis und Kreativität wirtschaften und nicht mehr wie früher den Spekulanten und Profitwilderern, die mit minderwertiger Massenware den Weltmarkt überschwemmten."

Zwischenzeitlich haben sie das Rathaus erreicht, das sich noch einmal abhebt von den anderen eindrucksvollen Gebäuden und so den Stellenwert vermittelt, den es durch seine Funktion für die Marktgemeinde hat.

Bürgermeister Hinterbrandner erzählt, dass auch dieses Haus damals in großer Gefahr war. Im Gemeinderat gab es eine starke Fraktion, die dafür eintrat, das stolze Rathausgebäude an Investoren zu verkaufen und die gesamte Gemeindeverwaltung auf ein billiges Grundstück an den Ortsrand zu verlagern. Die Befürworter kannten solche Maßnahmen aus anderen Gemeinden und hatten offenbar kein Problem damit, dass sie damit ihren Markt in die Sammlung der auswechselbaren und gesichtslosen Gebietskörperschaften einreihen würden. Mit dem Erlös hätte die Miete des neuen Gemeindedomizils getragen und zusätzlich die finanzielle Situation des Marktes verbessert werden sollen. „Mit Händen und Füßen habe ich mich dagegen gewehrt! So weit sollte es kommen, dass die Gemeinde ihre Seele verkauft! Das wäre etwa so, als wenn der Chirurg seinem Patienten das neue Herz in die Wade einpflanzt, nur weil's vielleicht billiger ist. Unser Markt ist — wie jede Gemeinde oder jede

Stadt — eine Art von Organismus, der ähnlich einem Lebewesen gesund zu erhalten ist und an dem man nicht beliebig Strukturen verändern kann."

„Bravo", konnte sich Prometheus nicht enthalten zu rufen, „da habe ich schon andere Bürgermeister erlebt. Die freuten sich über solche Befürworter, wollten mit Hilfe von Investoren aus ihrem Kuhdorf eine Art Metropole machen und boten denen zu diesem Zweck die lukrativsten Möglichkeiten. Dabei beließen sie es oft nicht nur bei gewinnversprechenden Immobilienlagen, sondern vermittelten etwa auch fruchtbarstes Ackerland. Die Einheimischen staunten dann oft nicht schlecht darüber, wie häufig die Nutzungen der Gebäude wechselten oder wie aus den malträtierten Boden mit Hilfe der Pestizidindustrie die Pflanzen gezogen wurden, die die Spekulation gerade besonders profitbringend machte. Aber die Kommunalpolitiker hielten ihre von den Wünschen der Einheimischen abgehobene Wahnidee für ein Zeichen von Weltoffenheit."

Gemeinsam durchschritten sie die großzügige Eingangshalle, stiegen die breite Treppe mit dem mächtigen Holzgeländer empor und nahmen im Sitzungssaal Platz. Durch die hohen Fenster konnten sie das Treiben auf dem Marktplatz beobachten und gedämpft auch den damit verbundenen Lärm wahrnehmen.

Marie stellte die Frage, die letztlich alle bewegte. „Sie sind hier in dieser wunderschönen Marktgemeinde seit langer Zeit Bürgermeister. Sie waren es damals vor der großen Katastrophe und Sie sind es immer noch. Wie bewerten Sie die Veränderungen, die durch die Kompasspolitik erreicht worden sind und wie machen diese sich bei den Bürgern bemerkbar?"

Bürgermeister Hinterbrandner strich sich über den Schnauzer. „Ja, es war wohl die entschiedene Umstellung der

Politik, weg von ihren leeren Worten und Versprechungen, weg von ihren einäugigen geldorientierten Betreuern und eigennützigen Tricksereien mit Spezl'n aus Partei und Wirtschaft und hin zu einem sichtbar verantwortungsvollen Handeln im gerechten Interesse des Volkes, das bei eigentlich allen positive Empfindungen auslöste. Natürlich überwog anfangs noch oft das Misstrauen darüber, ob der Kern der Kompassdemokratie, nämlich Fortschritte beim Wohl des Volkes zu erzielen, auch tatsächlich erreicht wird. Aber man akzeptierte die erkennbaren Bemühungen und wartete dann mit Spannung auf die Informationen im Kompassbericht.

Über die Arbeit an diesen Berichten weiß ich als Bürgermeister nur, dass in meiner Gemeinde Daten über Merkmale erhoben werden, die für die Darstellung des politischen Erfolgs im Sinne der Kompasspolitik erforderlich sind, kenne aber weder die damit befassten Personen, noch Unterlagen oder Vorabergebnisse. Wie alle anderen weiß ich aber, dass jeweils am 1. Mai eines Jahres die Daten veröffentlicht und denen des Vorjahres gegenübergestellt werden. Da wird dann sichtbar, in welchem Umfang die Klimaziele erreicht wurden, ob sich die Arbeitswelt im Sinne des Bürgerwohls verändert hat oder ob der Wohlstand des kleinen Mannes mit dem des gesamten Landes Schritt gehalten hat.

Auf unsere Gemeinde bezogen kann ich nur ein positives Bild gegenüber damals zeichnen. Insbesondere ist diese Angst vorbei, die Angst vor Terroranschlägen bei Veranstaltungen und Volksfesten, die damals sogar in unserem kleinen Markt mit Betonquadern, Maschinengewehren, Polizei und Kameradrohnen überwacht werden mussten, die Angst der Wirtschaftsbetriebe vor der unfairen Konkurrenz global und intransparent agierender Konzerne, die Angst der Menschen, durch den Verlust ihres Arbeitsplatzes zum Sozialfall zu werden, die Angst der Frauen, durch eine Schwangerschaft das Ende ihrer beruflichen Tätigkeit befürchten zu müssen und die Angst der Eltern, ihren Kindern nicht die erforderliche Zeit widmen oder die angemessene Bildung vermitteln zu können.

Während wir früher ein paar wenige größere Betriebe mit unsicheren Arbeitsplätzen und unfairen Arbeitsverträgen hatten, haben wir nun wieder eine Vielfalt kleinerer Betriebe mit relativ sicheren Beschäftigungsverhältnissen, menschlichen Arbeitsbedingungen und angemessener Entlohnung — davon einige mit höchster Anerkennung auf dem Weltmarkt. Die Menschen können wieder von ihrer Arbeit leben. Ab und zu leitet uns die Region Baiern Ansiedlungswünsche von Firmen zu, die von den Verdichtungsräumen ferngehalten werden sollen, von ihrem Anforderungsprofil in unsere Gemeinde passen könnten und über die der Gemeinderat dann entscheiden muss. Wir bemühen uns natürlich auch selbst um Firmen und Arbeitsplätze — schließlich wird unsere Regionsumlage reduziert, wenn wir als Gemeinde ein ausgeglichenes Verhältnis von Einwohnern und Arbeitsplätzen vorweisen können.

Natürlich werden auch heute Menschen arbeitslos, aber sie haben in der Regel keine großen Probleme, eine neue Anstellung zu finden. Die Selbstmordrate ist zurückgegangen, die Arztbesuche sind weniger geworden, Unruhen oder Demonstrationen wegen unzumutbaren Arbeitsbedingungen hat es schon seit Jahren nicht mehr gegeben. Die Veränderungen zu mehr Teilhabe an verfügbarer Arbeit und damit zu mehr Gerechtigkeit hatten ganz offensichtlich Erfolg. Ich glaube, dass zwischenzeitlich ziemlich alle Betriebe auf die Kompassvorgaben umgestellt haben — schon um unangenehme Strafen zu vermeiden. Vor allem ist jedem klar, dass er nicht mehr auf die Hilfe des Staates — d.h. seiner Bürger — setzen kann, wenn er durch sein eigenes Handeln Schiffbruch erleidet — keine nachlässige Bank, kein profitversessenes Unternehmen und kein leichtsinniger Bürger. Alle handeln in umfassender eigener Verantwortung, aber gleichzeitig in globaler Solidarität für unseren Planeten. Jeder kennt schließlich die unantastbaren Kompassanforderungen."

„Auch bei uns in München scheint es mir so," fiel Sophie ein, „dass die allgemeine Zufriedenheit der Menschen in den letzten Jahren zugenommen hat. Ich habe ja die Zeit damals nicht mehr bewusst erlebt, aber nach den Erzählungen taten sich gerade Eltern mit Kindern z.Tl. sehr sehr schwer. Mit den kürzeren Arbeitszeiten wird ihnen die Möglichkeit eröffnet, dass fast immer ein Elternteil die Obhut über die Kinder übernehmen kann. Die dadurch mögliche Teilzeitnutzung der Kinderhorte ließ zuweilen sogar eine zweimalige Tagesbelegung zu und auf diese Weise konnte auf manchen sonst notwendigen Neubau verzichtet werden ..."

„... und damit auch die Gemeindekassen geschont werden," fährt Hinterbrandner fort, „und das sogar angesichts der Tatsache, dass die Geburtenzahlen trotz ungewollter Kinderlosigkeit etwas zugelegt hatten. Die jungen Paare hatten ja nun eine bessere Perspektive bei Kinderbetreuung, Bildung, Arbeit und Bezahlung, als damals. Das galt auch — dank der zunehmenden genossenschaftlichen Immobilienanbieter — für ihren Wohnraumbedarf.

Die Angstfreiheit zusammen mit dem klaren Ziel, was im eigenen Land und auch weltweit erreicht werden soll, diese Perspektive zum Nutzen aller führte zu einem unglaublichen Ansporn gerade bei den Jugendlichen. Also bei der Gruppe der Bevölkerung, die erwachsen genug ist, um zu merken, was gespielt wird und deren Zukunft damals so sträflich mit Hürden versehen worden ist. Sie wissen zwar, dass sie sich Herausforderungen stellen müssen, sie wissen aber auch, dass sie Teilhabe erwarten können, dass sie anständige Bedingungen bei der Arbeit, in Notsituationen und in ihrem noch fernen Ruhestand erwarten dürfen. Von Jahr zu Jahr zeigt sich deutlicher, wie sie sich bei Bildung und Ausbildung einbringen und welche Freude sie daran finden. Anteil daran hatte zweifellos auch die Neuausrichtung einer umfassend reformierten Bildungspolitik in unserem Land, ein Segen nach dem damaligen Gewurstel in den alten Bundesländern, die jedes für sich seine eigenen politischen Duftmarken setzen wollten.

Michel dachte noch einmal an die nun vollzogene bundesweite Gebietsreform, die nach Presseberichten in Einzelfällen natürlich auch zu negativen Resonanzen geführt hat. „Wie ist man denn hier in Ihrer Marktgemeinde mit der Reform der öffentlichen Verwaltungsgliederung in Deutschland zurechtgekommen? Was sagen die Menschen dazu, dass die damaligen Bundesländer abgeschafft worden sind, dass es nun keinen Freistaat Bayern mehr gibt, dass die Landkreise in den größeren Regionen aufgegangen sind und manche Gemeinden aufgelöst und anderen angegliedert worden sind?"

Der Bürgermeister schmunzelte. „Als ich noch jung war, wäre das schwierig gewesen. Damals hatten die Menschen meistens noch Ehrfurcht vor der großen Politik — abgesehen von wenigen, manchmal militanten Kritikern. Dann kam die Globalisierung mit ihrer Ellbogenmentalität, der Gleichmache-

rei, der Oberflächlichkeit, der ungezügelten Gier nach mehr und
der zunehmenden Ausbeutung von Mensch und Natur. Allmählich blieb es niemandem mehr verborgen, dass die Politik immer weniger Möglichkeiten fand, um die negativen Begleiterscheinungen einer vermeintlich grenzenlosen Freiheit ohne
Pflichten abzumildern, immer hilfloser reagierte, kapitale Fehler
machte und — um ihre Fehler zu vertuschen — die Menschen
belog und betrog. Wenn ich mir damalige Umfragen in Erinnerung rufe, vertraten die meisten Menschen frühzeitig den
Standpunkt, dass eine weitere Finanzkrise droht, dass Atomenergie gefährlich ist, dass kostbare Naturräume zu bewahren
sind, dass Bedürftigen zu helfen ist und dass Steuerbetrüger und
Geldwäscher Strafe verdienen. Aber die scheinbar ahnungslosen
Politiker blieben tatenlos und verharrten von Krise zu Krise. So
verspielten sie allmählich das Vertrauen der Menschen, kurz vor
der großen Katastrophe konnte die Regierung des Freistaates
Bayern sich nur noch auf die Stimmen von knapp 50% der
Wahlberechtigten stützen.

Es ist nun einmal so, dass der stete Wandel die Regel ist,
die politischen Tätigkeitsfelder in einer zusammenwachsenden
Welt änderten die Schwerpunkte, immer mehr war international
und national zu entscheiden, immer weniger in den damaligen
Bundesländern. Schneller als manchem Ministerpräsidenten war
dies den Bürgern klar. Die Reduzierung der nationalen Entscheidungsebenen auf Bund, Regionen und Gemeinden erschien
den meisten daher eher vernünftig, zumal auch der Zuschnitt
der damaligen Bundesländer oft nur ein rein willkürliches Ergebnis war. Und hier in Baiern waren viele froh, dass die Franken und Schwaben wieder draußen waren aus dem bairischen

Stammland. Und die Franken und Schwaben sahen das aus ihrer Sicht sinngemäß.

Nur bei manchen Kleingemeinden, die einer größeren angegliedert werden sollten, veranstalteten die Bürger oft Aufstand und Revolution. Veränderungen im Nahbereich sind eben von Haus aus schwierig. Wir spüren dies auch noch im Gemeinderat, in dem zwei Räte aus der ehemaligen kleinen Nachbargemeinde sitzen. Da gibt es manchmal ziemlichen Funkenschlag bis hin zu unvermuteten Raufereien!"

„Und aus der Sicht der Gemeindeverwaltung?" hakte Michel nach, „wie hat sich da das Einsparen der Bundesländer ausgewirkt und wie hat sich mit dem Wandel zur Kompasspolitik die finanzielle Situation auf kommunaler Ebene geändert?"

Hinterbrandner überlegte kurz. „Ersparen Sie mir bitte eine detaillierte Darlegung der doch recht komplexen Materie, dazu bin ich als kleiner Bürgermeister auch gar nicht in der Lage! Aber es dürfte sich auch für Laien erschließen, dass der Entfall einer ganzen Verwaltungsebene in unserem Land gigantische Einsparungen mit sich bringt — natürlich über einen längeren Zeitraum betrachtet. Dazu kamen die Veränderungen infolge des Wandels zur Kompasspolitik. Bereits die erste Kompassregierung damals kümmerte sich mit Elan darum, die damals mit allen Tricks geschützten Tabus in einem der reichsten Länder der Welt aufzubrechen und die Spielsucht von Politik und Finanzwelt zu beenden …."

„… war doch die Schuldenmacherei für Politiker immer so etwas wie ein verführerisches Angebot des Mephisto", brummte Prometheus dazwischen, „mit dem sie sich auf Kosten des Steuerzahlers quasi eine gottgleiche Allmacht verschaffen können. Die Gegenleistung, die bei teuflischen Geschäften niemals ausbleibt, also die Tilgung und Nachfolgelasten der eingegangenen finanziellen Verpflichtungen, übertrugen sie dabei elegant auf ihre Nachfolger im Amt …"

„Alle Erpressungsversuche im Interesse der Geldigen, der Banken und der Wirtschaft mussten deswegen abgewehrt werden, sie hatten ihre Steuerschuld zu begleichen. Das Problem war ja nicht ein genereller Mangel an Geld, sondern seine Knappheit in den öffentlichen Kassen. Und die Regierenden wollten keinesfalls das Schicksal des sagenumwobenen chinesischen Finanzministers Kling Kling Futsch teilen: Geld futsch, Kopf ab!" Hinterbrandner lacht. „Jedenfalls muss heute unsere Marktgemeinde weniger Aufwand betreiben als damals, verfügt aber über zuverlässigere Einnahmen. Sie sehen ja, trotz Vergrößerung der Marktgemeinde haben wir bequem im alten Rathaus Platz, trotz allgemeiner Reduzierung der Wochenarbeitszeit mussten wir niemanden neu einstellen. Die Kompassreform war eine Reform, die ihren Namen verdient, unzählige Gesetze, Verordnungen, Bestimmungen wanderten auf den Müll und belasteten das Gemeindepersonal nicht mehr. Durch die Wirtschafts- und Arbeitsmarktreform können nun nahezu alle Bürger an Arbeitsmöglichkeiten teilhaben und verdienen angemessenen Lohn. Betriebe und Arbeitnehmer zahlen Steuern. Davon kann die Gemeinde infolge der Reduzierung der Verwaltungsebenen mehr einbehalten. Unsere Sozialabteilung muss in der Regel lediglich für vorübergehende Arbeitslosigkeit Finanzmittel auszahlen. Und der Bürgermeister kann sich heute aufgrund eigener Finanzmittel das damals entwürdigende Betteln um Spendengelder sparen.

Wie manch einer schon immer vermutete — und ich als Bürgermeister aus persönlichen Gesprächen wusste — war es nach Einführung der Kompasspolitik einer Vielzahl von Wohlhabenden eine Ehre, ihren finanziellen Beitrag für ihren Staat zu leisten, dessen Ziele nun endlich für jedermann transparent und zukunftsfähig geworden sind.

In dieser Freimütigkeit sage ich nur Ihnen, dass es meiner Gemeinde gut geht," Hinterbrandner grinste schalkhaft, „in der Öffentlichkeit muss ein Bürgermeister aber auch heute immer etwas klagen, sonst erweckt er womöglich Neid! Übrigens hat die Region Baiern natürlich schon ein strenges Auge auf die Gemeinden, was das Investieren angeht. Damals vor der Kompassreform konnte ein Bürgermeister — vorzugsweise mit dem richtigen Parteibuch — im Normalfall immer erreichen, dass zum Ruhme seiner selbst und seiner glorreichen Partei Schwimmbäder, Sporthallen, Bürgerhäuser u.ä. errichtet werden konnten — vor allem, wenn er auf die ausschlaggebende Unterstützung des Hinterzimmers zurückgreifen konnte. — Kennen Sie die Funktion eines gemeindlichen Hinterzimmers?"

Die zwei Aspiranten schüttelten den Kopf.

„Also, das war damals ein verschwiegener Entscheidungszirkel, den Eingeweihte natürlich kannten, die Öffentlichkeit allenfalls erahnte. Soweit ich weiß, eine fast übliche Institution in vielen Gemeinden — und erst recht natürlich in der großen Politik in Berlin, Washington oder Peking. Bildhaft kann man sich das so vorstellen, dass im Hinterzimmer bei Zigarren und Alkohol die Paten saßen, also je nach Thema etwa der Großbauer, der Bankchef, der verlängerte Arm der Staatsregierung, manchmal auch der Bischof. Diese Runde entschied über die wichtigen — aber wirklich nur die allerwichtigsten — Dinge, also etwa, welcher Spezi gerade einen Batzen Geld braucht, welche Grundstücke vergoldet werden sollen oder wie die Bank zu ihrem Reibach kommen kann. Da konnte der Gemeinderat schon alles mögliche dazu gesagt oder entschieden haben — egal, was das Hinterzimmer anschaffte, wurde gemacht. In der Öffentlichkeit gab es dann oft tagelanges Wundern über Gemeinderäte, die plötzlich ihre Meinung geändert hatten, obwohl sie doch vorher eine gegenteilige hatten, oder über Tagesordnungspunkte, die einfach verschwunden waren, abgesetzt, erledigt .....

.... aber — wir waren bei den teuren Sondereinrichtungen. Wer schaute da schon auf die Unterhaltsaufwendungen, die im Laufe der Jahre in schwindelnde Höhen stiegen. Das böse Erwachen traf irgendwann dann jede Gemeinde. Solche Abenteuer sind uns heute verwehrt. Jedes Bauvorhaben muss der Bedeutung der Gemeinde angemessen und auf lange Sicht finanzierbar sein. Da lässt die Regionsaufsicht nicht mit sich spaßen und würde bei Verstößen den Gemeinderat in die Verantwortung nehmen.“

Michel wandte sich den beiden Politiknovizen zu, die den Ausführungen Hinterbrandners aufmerksam lauschten. „Was sich heute so selbstverständlich und logisch anhört, war damals unmöglich zu erreichen. Die negativen Auswirkungen der damals vergötterten Globalisierung schlugen ohne jede Sicherung voll bis auf Gemeindeebene durch. Und bei den großen Städten war es im Grunde nicht viel anders, nur eben auf deren spezielle Probleme bezogen und in größerem Maßstab. Erst die Einführung der Kompasspolitik ermöglichte den Wandel, der übrigens mit einem Zurück in vergangene Zeiten nichts zu tun hat, im Gegenteil! Sie fördert die Weltoffenheit, aber in gerechter Weise und ohne die damaligen Nachteile. Sie ist daher als ein Vorwärts in die Zukunft anzusehen, bei der das damalige verantwortungslose Hauruck und Schnell-mehr-Geld ersetzt wird durch ein gemeinsames kreatives Suchen nach den besten Lösungen für ein nachhaltiges Leben auf einem intakten Planeten."

„Diese Worte verlangen geradezu nach einer kleinen erholsamen Unterbrechung und Stärkung — darf ich Sie in unser Traditionswirtshaus zum Mittagessen einladen?" fragt Hinterbrandner, „da kann ich Ihnen dann noch ein paar andere Geschichten erzählen, z.B. wie wir unsere Verbundenheit mit der Welt durch Partnergemeinden und Erfahrungsaustausch fördern oder warum man als Bürgermeister immer das beste und reichhaltigste Essen erhält — auch nach der Kompassreform." Er gluckst belustigt auf und streicht sich über den Bauch.

Es erhebt sich kein Widerspruch, die Gruppe verläßt das Rathaus und findet sich kurz darauf in dem Wirtshaus wieder, in dem Michel und Marie vor vielen Jahren ihre Stammtischepisode aufgezeichnet hatten.

Max ist von dem Bericht des Bürgermeisters dermaßen beeindruckt, dass er über einen Jobumstieg nachdenkt: Warum nicht Bürgermeister werden anstatt Abgeordneter?

5 Hotel Kompasshof
Unglaubliche Bekenntnisse aus Wirtschaft und Politik

Es ist Jahre her, dass Marie zuletzt in diesem Münchner Hotel war. Damals hatte es noch einen anderen Namen, gehörte aber — wie heute auch wieder — zur Edelklasse.

Denkt sie an das Erlebnis dieses Tages zurück, empfindet sie noch heute Wut und Abscheu. Als junge Frau hat sie sich bei aller Phantasie nicht vorstellen können, wozu Menschen fähig sind, wenn sie von rücksichtslosem Macht- und Profitstreben getrieben sind.

Es war Prometheus, der den Tipp gegeben hat, damals, wenige Monate nach der Katastrophe. In dieser Zeit, als alles drunter und drüber ging und er mit Marie, Michel und unzähligen anderen überlegten, was nun zu tun sei. Was waren die Ursachen des Unglücks? Ist jemand zur Rechenschaft zu ziehen? War es Schuld der Politik? War es die Wirtschaft? Welche Verantwortung trugen die Bürger? Und vor allem, was konkret muss getan werden, um so etwas für die Zukunft möglichst auszuschließen? Alle trugen Informationen zusammen, sammelten Beiträge, ordneten, bewerteten und — verzweifelten.

Im allgemeinen Durcheinander zog Prometheus eines Abends Michel zur Seite und meinte: „Du Michel, ich habe von einer Tagung gehört, morgen, eine Tagung für Politik und Wirtschaft. Über Strategien der Zukunft, oder so ähnlich. Allerdings nur für Ausgewählte. Im oberen Segment! Und geheim soll sie auch sein. Keine Presseveröffentlichung, keine öffentliche Einladung. Könnte für unser Anliegen interessant sein. Aber ich kann mich da nicht sehen lassen, eine Einladung habe ich natürlich nicht, die holen sich keine Laus in den Pelz. Meinst Du, Du könntest Dich da irgendwie hineinschmuggeln? Dich kennen die nicht. Kannst ja Marie mitnehmen, zu zweit fallt ihr weniger auf."

Michel fackelte nicht lange und Marie war sofort Feuer und Flamme. In Business - Garderobe standen sie am nächsten Morgen vor dem Hotel und warteten auf eine günstige Gelegenheit, die Zerberusse am Eingang auszutricksen und mit einer Gruppe von anderen Pinguinen in den Tagungssaal zu schlüpfen.

Heute also nach so langer Zeit steht Marie wieder hier mit den zwei engagierten Jungpolitikern. Für einen möglichst authentischen Eindruck des damaligen Geschehens wollen sie sich am Originalschauplatz kundig machen. Zwischenzeitlich waren die Wasserschäden, die die Katastrophe im Erdgeschoß des Hotels und darunter angerichtet hat, einigermaßen beseitigt und der Betrieb läuft besser als je zuvor. Die Kosten für die Instandsetzungsarbeiten sollen immens gewesen sein und wurden nur zu einem Teil durch Versicherungen übernommen.

Die heutige Situation ist für Marie sowohl harmlos wie erfreulich — damals pochte ihr das Herz schon mächtig aus Furcht, entdeckt zu werden. Sie schreiten gemeinsam durch die eindrucksvoll gestaltete gläserne Eingangstür. Am Hotelempfang mit dem livrierten Portier stellt sich Marie kurz vor und erhält die schon bereitgelegte Funkbedienung. Sie treten in den kleinen Saal ein, der heute an den Nachmittagen dem Kaffeehauspublikum dient, damals aber für die Tagungsveranstaltung hergerichtet war. Marie hatte beim Hotelmanagement erreichen können, dass der Raum der kleinen Gruppe zur Vorführung des damals heimlich aufgenommenen Videofilms über den Ablauf der Tagung für zwei Stunden allein überlassen wird.

Sie steuert einen der weiß gedeckten Tische an.

„Genau an diesem Tisch saßen wir damals auch", bemerkt Marie, „und da vorn stand ein Rednerpult mit Mikrofon, daneben war — wie heute auch — eine Leinwand aufgebaut. Der Saal war gut besucht, eingeladen waren — nach den aufgeschnappten Gesprächsfetzen zu schließen — besonders geeignete Hoffnungsträger aus Politik und Wirtschaft". Das „besonders geeignet" versieht Marie mit einem abfällig klingenden Tonfall.

Eine aufmerksame junge Bedienung wartet darauf, die Wünsche der Gäste zu erfüllen. Nachdem die Gruppe ihre Bestellungen aufgegeben hat, betätigt Marie die Fernbedienung und auf der Leinwand begann es hell zu flimmern. Am Pult sah man einen dieser entschiedenen Knöpfchenzähler stehen, für den der Planet mit seinen Menschen so passend zu machen ist, dass den Gewinninteressen der Profitwilderer optimal entsprochen werden kann. „Zyankalius hieß der Typ, glaube ich."

Er stand also da und war schon dabei, zu reden.

„...... war die jüngste Katastrophe für uns unter dem Strich doch ein sehr positives Ereignis. Wir in Wirtschaft und Politik — und ich spreche hier ausschließlich von der Kaviarfraktion — sind bekanntermaßen immer bestrebt, jede in unserem ureigensten Interesse liegende Entwicklung zu unterstützen, ich wiederhole j e d e ! Und dieser Anspruch schließt eben auch Vorkommnisse mit ein, die Otto Normalverbraucher — nennen wir ihn Piff, aus der deutschen Kartoffelklasse — völlig anders beurteilt. Für uns, also für Wirtschaft und Politik, die die Steine ins Rollen bringen in der Welt, für uns müssen nicht nur altbekannte Tätigkeitsfelder gepflegt und erhalten, sondern ständig neue entdeckt und für unsere Interessen tauglich gestaltet werden.

Lassen Sie mich mit einem Zitat beginnen, einem Angstausruf des amerikanischen Präsidenten Abraham Lincoln, den er seinerzeit tat, nachdem diese weltverändernde Vorlage gegen seine entschiedene Gegenwehr den wirtschaftsdominierten Kongress passiert hatte:

‚Ich sehe in der nahen Zukunft eine Krise auf uns zukommen, die mir die Nerven raubt und mich um die Zukunft meines Lebens zittern lässt; man hat Unternehmen auf den Königsthron gesetzt, eine Ära der Korruption in hohen Stellen wird sich anschließen und die Geldmacht des Landes wird versuchen, ihre Herrschaft zu verlängern, indem sie die Vorurteile der Leute ausbeuten wird, bis der Reichtum in wenigen Händen angehäuft und die Republik zerstört ist.‘

Diese Äußerung war 1863 getan worden und wir — also vor allem die Wirtschaft und ihre politischen Förderer — können zufrieden feststellen, dass sich seine Worte heute weitgehend bewahrheitet haben. Damals hatte die Finanzmafia die Abgeordneten für diese Entscheidung gekauft und damit Maßstäbe gesetzt, die seither weltweit gelten und als gesellschaftlich bestens verankert angesehen werden können. Geld regiert die Welt, es gibt kaum jemanden, der aufgrund der bestehenden stabilen Abhängigkeiten nicht durch Bedrohung oder Korruption gefügig gemacht werden kann und unsere Möglichkeiten, zu täuschen und den Bürgern Sand in die Augen zu streuen, sind unendlich. Damit ist es uns gelungen, gleichsam diktatorisch zu herrschen und trotzdem Piff, dem Bürger als dem eigentlichen Souverän in Demokratien, das Gefühl zu bewahren, er könne etwas in seinem Sinne bewirken.

Aber genug der einführenden Worte, hören wir uns an, was uns die heute anwesenden Wegbereiter und Förderer zu berichten haben. So wie ich sie kenne, werden sie dies mit einer in der Lebenswirklichkeit unüblichen schonungslosen Offenheit tun und dabei auch ihren sonst gewohnten Scheinheiligenschein ablegen, damit ihre Botschaft bei der lernwilligen Zuhörerschaft auch richtig verstanden wird. Ich darf also mit dem wichtigsten Vertreter hier beginnen und möchte Herrn Protzmann vom Verband der globalen Konzernwirtschaft ans Pult bitten."

Protzmann saß in der ersten Reihe, die mit roten, besonders edlen Sesseln ausgestattet war. Er erhob sich, bewegte sich gemessenen Schritts auf das Rednerpult zu, blickte bedeutungsschwanger auf die Zuhörer und begann:

„Meine lieben Freundinnen und Freunde, ich bedanke mich für die Gelegenheit, vor Ihnen sprechen zu dürfen. Die meisten von Ihnen kennen mich ja bereits und auch die von meiner Gefolgschaft vertretene Philosophie. Damit kann ich mich auf wesentliche Gesichtspunkte und Anregungen beschränken.

Selbstverständlich bedauere auch ich die vor einigen Monaten eingetretene Katastrophe, die zahlreiche Opfer gefordert und verheerende Schäden verursacht hat. Und selbstverständlich werden wir von der Wirtschaft mit allen Mitteln dazu beitragen, die geschlagenen Wunden wieder zuzupflastern, sofern uns der Steuerzahler ausreichende Profitchancen dafür bietet.

Aus diesem Anlass lassen Sie mich gleich zu Beginn noch einmal klarstellen: wir sind nicht blöd, auch wir wissen — und das soll angesichts des Klimadesasters noch einmal betont werden, dass unser Planet mit weniger Klimagasen, weniger Versiegelung, weniger Landschaftsraubbau und weniger Giften besser zurecht käme. Und wir wissen auch, dass dies ohne weiteres machbar und unseren Nachkommen ein sicheres Überleben ermöglichen würde — das sagt schon der gesunde Menschenverstand und ist zudem wiederholt durch unanfechtbare Forschungsergebnisse bestätigt worden, an denen wir natürlich nicht mitgewirkt haben.

Um nur ein markantes Beispiel herauszugreifen: allein der Wert der Leistungen, die die Ökosysteme der Wälder und Feuchtgebiete jedes Jahr auf unserem Planeten erbringen, ist höher, als die Hälfte des weltweit erzeugten Bruttoinlandprodukts. Würde diesem Sachverhalt bei politischen Entscheidungen Rechnung getragen werden, d.h. würden weniger Wälder abgeholzt, weniger Sumpfgebiete trockengelegt, weniger Straßen, Gebäude oder Staudämme gebaut und weniger Flüsse begradigt oder vertieft werden, dann wäre zwar dem Wohl des Menschen gedient — aber gleichzeitig auch der Profit der Wirtschaft dezimiert — denn keine Überschwemmungen, kein Hochwasser, keine Stürme, keine Schlammlawinen hieße eben auch keine Deiche, keine Mauern, keine Brücken, kein Neubau — d.h. kein Geschäft und kein Profit.

Wir alle, meine speziellen Zuhörer, können es uns daher gar nicht leisten, auf weniger Schäden zu verzichten — das wäre das Ende unseres Wohllebens. Wir dürfen nicht zulassen, dass die unschlagbare Konkurrenz der Natur den Menschen die gebratenen Tauben einfach so ins Maul fliegen lässt, ihr Wohl quasi durch Nichtstun bewahrt und wir dann in die Röhre schauen!

Die Fähigkeiten der Natur sind für uns daher geschäftsschädigend und mit allen Mitteln der Nichtachtung preiszugeben! Deswegen muss der Teil des Staatsapparats, der immer noch gegen unsere deutlichen Empfehlungen arbeitet, mit seinen noch verbliebenen Kontrollambitiönchen lächerlich gemacht werden. Andernfalls schwindet unser Profit — und den brauchen wir und zwar je mehr und je schneller, desto besser. Dieses Ziel werden wir aber nur erreichen, wenn wir unseren Einfluss auf das Gelddrucken erhalten, die Glaubwürdigkeit seriöser Wissenschaftler mit Hilfe geschulter Blender untergraben und unseren Planeten weiterhin ausbeuten können. Dank seiner Verführbarkeit ist das Volk leicht zu motivieren, für das Streben nach Profit Verständnis aufzubringen und über negative Folgen zu täuschen. Dafür müssen wir alle Hebel in Bewegung setzen. Platt ausgedrückt — für uns muss gleichsam immer die Herstellung eines begehrten, aber überflüssigen Produkts Vorrang haben vor dem Erhalt der Natur.

Um gegenüber Piff, wie ihn unser Moderator liebevoll nennt, nicht mehr als notwendig aufzufallen, machen wir uns also die allgemeine Schwäche der menschlichen Rasse zunutze und lassen ihre eigene Unersättlichkeit zu unserem Nutzen mitarbeiten. Geld gewährleistet nun einmal, von gesellschaftlichen und religiösen Zwängen frei zu sein und stellt somit ein erstrebenswertes Gut dar. Nachdem unsere politischen Freunde seinem Wert jede zuverlässige Orientierung entzogen haben, kann es in Unmengen gedruckt und für Verschuldungen in beliebiger Höhe verwendet werden. Die Piffs dürfen daher gerne durch den Kauf von geeigneten Papieren etwas mit schlecken an dem Naschwerk, dem wir in unserer Klasse in besonderem Maße verfallen sind. Mit ihren kleinen Anteilen leisten sie somit auch einen Beitrag dazu, mehr Fahrzeuge, wirksamere Gifte und tödlichere Waffen zu produzieren.

Dank ihrer Beschränktheit lassen sie sich durch die damit bei ihnen ausgelöste Sucht nach mehr dermaßen blenden, dass sie gar nicht wahrnehmen, wie nicht nur durch uns, sondern auch durch sie weltweit die Würde ihrer Mitmenschen mit Füßen getreten, ganze Völker zugrunde gerichtet und ihr unersetzbarer Lebensraum zerstört wird. Ihr eigener Wohlstand ist ihnen sogar wichtiger als ihr Wohl — Vorrang vor guter Atemluft hat das dicke Auto und Vorrang vor Frieden in der Welt hat die gewaltsame Verteidigung überflüssigen Besitzes. Zu unserem Glück unterscheidet sich der Mensch also kaum von dem Affen, der seine um das Lockfutter geschlossene Faust nicht mehr aus dem engen Loch im Tonkrug herausziehen kann, weil er nichts hergeben und sie deswegen nicht öffnen will. Eine leichte Beute für seine Häscher und sein sicherer Tod!

Leider hat die jüngste Katastrophe gezeigt, dass dieses Schicksal sogar einige von uns Kaviarliebhabern ereilt hat. Sie haben das Desaster nicht überlebt oder hatten zumindest schwere Vermögensverluste. Die meisten allerdings fielen in die in unseren Kreisen üblicherweise vorbereitete Hängematte, die sie sanft auffing — sie waren in ihren sicheren Domizilen oder konnten sich dahin flüchten. Beste Lagen zahlen sich letztlich immer aus und der Verlust einiger Millionen ist für uns normalerweise kein Trauerspiel.

Die weltweit praktizierte sogenannte Demokratie, die dank unserer Freunde in politischen Ämtern dem Volk vorgaukelt, ihm ginge es bald so gut wie uns, ist so etwas wie ein Freibrief für die Art unseres Handelns, die wir z.Tl. im Ver-borgenen, z.Tl. in aller Öffentlichkeit ausüben dürfen. Keine andere Staatsform in der Geschichte — kein Königreich, keine Diktatur, keine Theokratie — hat jemals dem wirtschaftlichen Handeln so viel freie Hand gelassen. Deswegen darf an dieser — unseren Interessen sehr entgegenkommenden Regierungsform — auch jetzt, nach dem verheerenden Desaster — keinesfalls etwas geändert werden. Und gegen neuerliche Klimadesaster wird uns sicherlich irgend etwas einfallen. Im übrigen gilt: no risk, no fun.

Dank unserer Unterstützer bei Politik, Justiz und Medien hatten wir ja schon vor dem Unglück eine Vielzahl von Übereinkünften, Verträgen und Gesetzen auf der Grundlage unserer Interessen modellieren dürfen. Dazu darf ich mich ausdrücklich nochmals bei den hier anwesenden Vertretern bedanken, Staatssekretär Kriecher wird ja anschließend auch noch zu Wort kommen.

Gemeinsam haben wir so eine Menge durchsetzen können. Mit Hilfe der Globalisierung, die weltweit die unterschiedlichsten Standards bei Gesetzen, Kontrollen, Umweltauflagen, Bauvorschriften, Arbeitsbedingungen und Gerichtsbarkeit sowie eine gepflegte „do ut des" - Kultur bei den Regierungen gewährleistet, kann nahezu jeder Staat erpresst und damit zu Zugeständnissen uns gegenüber zulasten der Piffs ermuntert werden. Wir alle haben unsere Heimatstaaten fest im Griff! Während wir in manchen Ländern und auch in Deutschland leider nur eine laxe Handhabung von Regeln erreicht haben — immerhin, wenigstens das —, gibt es woanders nahezu überhaupt keine ernstzunehmenden Bremsfaktoren. Dadurch können wir uns heute mit kaum weniger brutalen Mitteln viel mehr Profitables zusammenraffen, als in den besten Zeiten der Kolonisation — und das im Gegensatz zu damals sogar im Konsens mit der breiten Öffentlichkeit!

Dank des weltweiten politischen Stillhaltens lassen unsere Konzernmitglieder betrügen, morden, betonieren, qualmen, verseuchen, buddeln, räubern und holzen, wo und wie sie wollen, sie halten Menschen als Sklaven, sie lassen sie mangels

Sicherheitsvorkehrungen ums Leben kommen, infolge Drogen, Gentechnik und vergifteter Nahrungsmittel sterben, an Wassermangel und Hunger leiden oder zu Flüchtlingen werden. Sie kontaminieren mit ihren Toxinen von der Tiefsee bis in die Atmosphäre die letzten Winkel der Erde, sie spekulieren mit Geld, mit Grundstücken, mit Nahrungsmitteln, mit Ressourcen, mit Menschenhandel, mit Organen oder heißer Schmuggelware, die zu ihrer Sicherheit auch mal in unseren gepanzerten Yachten mit Hubschrauberlandeplätzen und Flugabwehrsystemen transportiert werden muss.

Natürlich zeigen wir uns als Gegenleistung für die uns gewährten Freiheiten auch großzügig, wenn wir korrupten Potentaten in armen Ländern Bares für ihren Waffenbedarf zuschieben oder den Bürgern ihres Landes Waren von unserer Resterampe billig überlassen. Mit bei uns in den reichen Ländern nicht zugelassenen Medikamenten, mit giftigem Schrott, mit Fleischabfällen und anderen Leckereien machen wir in Afrika oder Asien noch beste Geschäfte und sparen uns so auch noch die bei uns fälligen Entsorgungsgebühren.

Auch wenn sich Piff hier empört — all das darf uns bei unseren beispielgebenden Aktivitäten nicht anfechten! Wir brauchen die Gnadenlosigkeit des unfairen Wettbewerbs — sie ist für uns so lebenswichtig, wie Schnaps für den Säufer! Nur damit steigen die Börsenkurse und unsere Gewinne. Selbstverständlich ist ständig darauf zu achten, alle unsinnigen Ausgaben für das allgemeine Wohl so weit wie möglich zu vermeiden. Das Steuergeld hat für einen ausreichend langen Erhalt überholter Technik, für die Rettung von Geldanlagen unserer Kaviarfreunde und für Subventionen bereit zu stehen, die sich unsere ausgefuchsten Jäger ausspähen und sichern können. Sie sind eine der wichtigsten Grundlagen für kaum kontrollierbare internationale Scheingeschäfte und Betrügereien mit ansehnlichen realen Gewinnen für uns. Da dafür alle Chancen genutzt werden müssen, pflegen wir auch Kontakt mit den verschiedenen global organisierten Mafiaverbänden. Denn auch die Cliquen außerhalb anerkannter Gesellschaftsregeln sind für uns wichtige Auftraggeber. Sie bedienen sich gerne unserer technischen Spitzenprodukte bei gewalttätigen Angriffen und Terrorattacken, sie nutzen die offenen Flanken bei der überall verwendeten Informationstechnologie, sie schätzen den Einsatz unbemannter Drohnen und sie lieben die autonom gesteuerten Automobile, deren Pseudofahrer sie zu Mördern oder Ermordeten machen können, ohne als Verursacher entdeckt werden zu können. Wir alle aber sollten uns hüten, diese unsere Geschäftspartner scheel zu betrachten — denn bei Lichte betrachtet sind wir alle Mafia.

Obwohl wir ständig Schulungsangebote machen, bei denen erfahrene Psychologen uns den richtigen Schliff für kaum durchschaubare Betrugsmaschen nahebringen, kann nicht ganz ausgeschlossen werden, dass Konzernmitglieder aus Produktion, Finanzwelt und Sport immer wieder mit Betrügereien, Skandalen und Korruptionsvorfällen von sich reden machen oder Vorstände von Banken, Autokonzernen oder Energieunternehmen durch ungeschickte Entscheidungen gigantische Verluste erarbeiten. Aber — auch das ficht uns nicht an. Niemand kann dermaßen viel Vertrauen, Geld und Vermögenswerte in so kurzer Zeit verspielen wie die private Großwirtschaft und niemand kann sich so wie sie trotzdem dumm und dämlich daran verdienen. Manche brüsten sich sogar mit der Aussage: je größer die Verluste, desto höher die Boni — denn ist der Ruf erst ruiniert, lebt es sich ganz ungeniert! Auf lange Sicht hat uns das alles weder geschadet, noch Kosten verursacht. Denn der gute Piff übernimmt jedes Risiko und steht immer für alles gerade — ob als Verbraucher, als Steuerzahler oder als Geschädigter. Damit sind die Dinge einigermaßen erträglich in unserem Sinn geregelt — allerdings nur solange, wie ernsthafte Kontrollversuche unserer Machenschaften unterbleiben.

Ohne den von uns immer wieder aufs Neue sorgsam gepflegten warmen Filz mit der Politik hätten wir nicht erreicht, was wir erreicht haben: wir besitzen unvorstellbares Vermögen ganz für uns allein in Größenordnungen, mit denen man Menschen in mehreren Nationalstaaten über Jahrzehnte durchfüttern könnte. Wir können aus den Toplagen dieser Welt jeden vertreiben, der uns diese streitig macht und uns dort mit Firmensitzen oder den prunkvollsten Villen ansiedeln, wir gönnen uns giftfreie Nahrung und reinstes Trinkwasser, wir besitzen die mächtigsten Banken, die fruchtbarsten Böden, die wertvollsten Immobilien, die wunderbarsten Kunstschätze und riesige Ländereien, wir können unsere Interessen mit den fintenreichsten Anwälten sowie mit Koffern voller Geld durchsetzen, wir zahlen nur einen Bruchteil unserer Steuerschulden und leiten die Gewinne direkt in unsere verborgenen „Dagobert Duck" Keller. Wir salben und kaufen traditionell die an der Macht tätigen Politiker, wir betören oder umgehen die uns nicht immer gewogene Rechtsprechung und bauen parallel dazu eine lukrative Justizindustrie auf, die das Bezahlen unserer Spielschulden durch die Bürger in trockene Tücher bringt. Wir sammeln Daten und Informationen der Bürger und können damit ihre Wünsche erkennen und fördern, wir hebeln mit der Glaskugelmathematik der von uns bezahlten und auf Linie gebrachten Wirtschaftswissenschaftler die Reste noch verbliebenen gesunden Menschenverstands aus, wir finanzieren Medienkonzerne dafür, durch schlaues Daherreden unseren Ansichten Bedeutung zuzusprechen, wir justieren mit eigenen subjektiven Forschungsergebnissen und geschmierten Gutachten die objektive Wissenschaft und wir halten uns weitgehend frei von jeder mit unserer Hilfe pulverisierten Verantwortung. Diese und weitere Voraussetzungen ermöglichen unseren Mitgliedern, immer mehr zu wachsen und so viel Geld und Einfluss zu gewinnen, dass wir kleine Staaten ruinieren und große dirigieren können.

Allerdings wären wir dazu ohne die Unersättlichkeit und Verführbarkeit der Menschen kaum in der Lage, ohne diese menschlichen Schwächen könnten wir die Schäden und Ungerechtigkeiten nicht weltweit zu Tsunamiwellen auftürmen, deren zerstörerischer Gewalt demokratische Werte nichts entgegensetzen können. Auch deswegen ist gegen uns — wie man so schön sagt — kein Kraut gewachsen. Wir sind es, die das Schicksal unserer Welt bestimmen, und niemand sonst.

Aber, liebe Freundinnen und Freunde, obwohl wir dank unserer Bemühungen wenig zu befürchten haben — wir dürfen uns keine Nachlässigkeiten erlauben. Schon gar nicht nach der jüngsten Katastrophe, die selbst den bis dahin schlafmützigsten Bürger aufgeschreckt hat. Wir müssen alle Wachsamkeit unserer vielköpfigen Hydra darauf verwenden, jede auch noch so kleine Gegenwehr schon im Keim zu ersticken. Je mehr Unfrieden, je weniger Gerechtigkeit, je brüchiger der sozialer Zusammenhalt und je offener und haltloser die Gesellschaft, desto besser sind unsere Profitaussichten. Dazu gibt es nichts Wichtigeres, als geeignetes Personal zu haben, ständig neu zu rekrutieren und in die wichtigen Schaltstellen zu infiltrieren.

An dieser Stelle darf ich auch einmal den Damen besonderes Lob aussprechen, auch wenn viele von ihnen mangels Stärke, Kreativität oder Zielstrebigkeit für bestimmte Spitzenpositionen weniger geeignet sind, als Männer. Infolge ihrer dadurch bedingten geschmeidigen Fähigkeit, sich einer Vielzahl sich auch widersprechender Herausforderungen unterzuordnen, können wir insbesondere dann gewaltigen Nutzen ziehen, wenn sie ein wichtiges politisches Amt innehaben. Wir müssen sie lediglich von der Notwendigkeit exklusiver Beratung auf Piffs Kosten überzeugen — eine leichte Übung für unser charmantes und geschultes Fachpersonal.

Aber selbst außerhalb der Politik haben es manche Frauen in hohe Stellungen geschafft und das ihnen nachgesagte weiche Herz so konditioniert, dass sie in der brutalen Geschäftswelt sogar manche Männer mit der ihnen zugesprochenen Erbarmungslosigkeit auf die Plätze verweisen. Und das auch noch für weniger Gehalt, denn die Differenz zur Männerentlohnung gleichen wir dadurch aus, dass wir ihrem Erfolg trotz ihres Geschlechts Anerkennung zukommen lassen!

Wichtig sind uns die Frauen aber vor allem als Verbraucherinnen, denn sie fördern dank ihrer speziell weiblichen Veranlagung zuverlässig einen ständig steigenden Absatz unserer Produkte, selbst wenn Versuchskaninchen für ihre Kriegsbemalung sterben, afrikanisches Kinderblut an dem begehrten Edelsteinring klebt oder für das schicke Sommerkleidchen pakistanische Arbeiterinnen vor Erschöpfung neben ihrer Nähmaschine tot zusammenbrechen. Und manche von ihnen, die uns Männern beim Prahlen nicht nachstehen wollen, putzen sich als exquisites Gesamtkunstwerk heraus, das zum Champagnerempfang mit einem glitzernden, extrabreiten Geländewagen röhrend und rußend durch enge Altstadtgassen brettern darf.

Anerkennung lassen wir aber auch den vielen Schnäppchen - Piffs zuteil werden, die sich an der Massenflut von Billigklamotten, Billigfleisch oder Billigreisen erfreuen und sich damit einbilden, wir von der Wirtschaft hätten ein Herz für das Heer der Zukurzgekommenen. Hätten wir das wirklich, müssten wir den Piffs anständige Löhne zahlen, damit sie sich Qualität durch fair bezahlte Arbeit und Dienstleistung auch leisten können — haben wir aber nicht, denn nur Minderwertiges und eine billige Abfindung von Frauen, Ausländern oder subventionierten Arbeitslosen bringen uns satte Profite. Warum sollte man dies den Schwachköpfen auf die Nase binden? Stattdessen überlassen wir das Lobpreisen unseres Edelmuts, mit dem wir Selbstwertgefühl, Integration und Wiedereingliederung zu fördern vorgeben, das entsprechende Anwerben der Billigkräfte und das Abwehren der Kritiker Herrn Kriechers gutherzigen Mitstreiterinnen und seinem einäugig gehaltenen Medienbetrieb.

Die zu erwartenden Probleme bei kulturellen Differenzen mit Ausländern, mit verarmten, verwahrlosten Familien, mit Straßenkriminalität und Gewaltexzessen in den ‚no go' - Vierteln in den Griff zu bekommen — das überantworten wir gerne unseren politischen Erfüllungsgehilfen und ihren schlecht ausgerüsteten und bezahlten Behördenvertretern und Polizisten. Wir geben uns mit unserem bescheidenen Profit zufrieden, den uns die Billigarbeit ermöglicht.

Jedenfalls muss auch in Zukunft alles getan werden, um das archaische Recht von uns Stärkeren nicht nur zu bewahren, sondern weiter zu optimieren. Dass dabei Diskretion zu den wichtigsten Verhaltensmaßregeln gehört, ist eine Selbstverständlichkeit, die wir uns aber immer wieder in Erinnerung rufen müssen.

Nun zum Schluss noch ein Tipp für unsere Neuzugänge: wenn Sie nicht das Schicksal unseres Sklavenheeres teilen und wirklich Geld verdienen wollen in Ihrem Leben, meiden Sie ehrliche Arbeit und konzentrieren Sie sich mit all ihren Sinnen darauf, andere zu übervorteilen. Wer die Augen aufhält in unserer Welt, kann dafür aus einem reichen Gelegenheitsangebot auswählen.

Wie Sie sich auch immer entscheiden mögen, uns ist beides recht, wir heißen Sie jedenfalls willkommen!"

Protzmann verlässt das Pult, steuert selbstzufrieden seinen roten Sessel an und überlässt es dem Moderator, den Fortgang der Veranstaltung zu arrangieren.

Zyankalius erhebt sich von seinem Sitz und unterstreicht von dort aus noch einmal die Bedeutung der Aussage, dass sich eine Welt ohne Wirtschaftsgefälle, ohne Betrug und Katastrophen, ohne Kriege und ohne umfassende Schädigung der Lebensbedingungen und der menschlichen Gesundheit verheerend für die Geschäfte auswirken würde. Allein die Vorstellung daran würde der globalen Konzernwirtschaft den Angstschweiß auf die Stirn treiben und deswegen ist Wachsamkeit tatsächlich mehr als angebracht. Um dem Publikum zur Kenntnis zu bringen, wie die Politik damit umgeht, bittet er nun Staatssekretär Kriecher ans Pult, einen versierten Vertreter dieser Kaste, der bereits seit Jahrzehnten die Fäden im Schnürboden der politischen Kulisse zieht.

Im Zuhörerkreis erhebt sich ein etwas ungeschlachter Mann höheren Alters und geht auf das Pult zu.

„Ja, meine Damen und Herren, Unaufmerksamkeit ist ganz sicher von übel — darin kann ich Herrn Protzmann nur voll und ganz beipflichten. Angesichts meiner Erfahrungen denke ich aber, dass wir die verständliche Unruhe der Bürger infolge des Desasters — das natürlich auch seitens der Politik zutiefst bedauert wird — in den Griff bekommen werden. Das Schöne ist ja, dass unser Volk dank unseres sicher verankerten Systems keine Alternative hat und uns damit ausgeliefert ist. Ähnlich, wie wir Politiker — in diesem Kreis ist dies ja nun kein Geheimnis — Herrn Protzmann und seinen mächtigen Kumpanen ausgeliefert sind. Auch wenn wir nicht einen Vorstandsposten in einem seiner vielen Unternehmen innehaben und uns damit freiwillig deren Firmenstrategie unterordnen, sind wir dies natürlich ausgesprochen gerne! Denn damit können wir — und das darf ich den jungen Eleven hier im Saal verraten — auf seine verführerische Süssigkeiten setzen — sowohl auf seine fürstlichen Vergütungen, auf Erwartungen gestützte freundliche Parteispenden oder auf viele persönliche Vorteile, Zuwendungen, Reisen, Spezialaufträge, Immobilien, Vergünstigungen oder lukrative Jobs. Kleine Geschenke erhalten die Freundschaft, wie man so schön sagt — und wir sind nicht so blöd, diese zurückzuweisen!

Wie sind aber auch deswegen nicht blöd, weil wir natürlich wissen, dass das gewaltige Drohpotential von Industrie und Konzernen gegen eine Politik, die ihren Interessen zuwiderläuft, das Ende jedes Parteimitglieds, unserer Partei, jeder anderen Partei und jeder Regierung wäre. Hinzu kommt unsere langjährige Abhängigkeit von befreundeten, mächtigen oder rohstoffreichen Staaten, die unseren Wohlstand begünstigt hat und nicht angetastet werden darf. Niemand kann also ernsthaft von uns erwarten, dass wir uns wegen läppischer Verstöße gegen Rechts- oder Umweltschutzvorgaben — selbst jetzt nach dem Klimadesaster — zukünftig zurückhalten oder an Haltelinien orientieren. Die Bürger setzen alles auf ihren Wohlstand und als Wähler würden sie uns in die Wüste schicken, achteten wir als Politiker anstelle dieser Wünsche trockene Gesetzestexte! In unserer einfältigen Mehrheitsdemokratie wäre dies Harakiri und das bedeutet bekanntlich den sicheren Tod.

Bereits Friedrich Schiller wusste, dass der Staat untergehen muss, wenn Mehrheit siegt und Unverstand entscheidet, da Verstand stets Wenigen nur gegeben. Er empfahl deswegen, die Stimmen nicht zu zählen, sondern zu wägen. Daran halten wir uns. Wir begrenzen den Einfluss der unverständigen Piffs auf unsere Wahl und lassen uns danach durch Hundertschaften von ausgewählten Beratern aus Protzmanns Umfeld dabei helfen, die wirklich Erfolg versprechenden Gewichte in die Waagschale zu werfen. Uns bleibt dann nur noch, auf ein geschmiertes Handeln der Staatsorgane, ein höriges Personal und süffige Botschaften an das Volk zu achten sowie unsere Pinoccionasen so gut wie möglich zu verbergen.

Da wir uns dabei nicht mehr Arbeit als notwendig machen wollten, haben wir bereits seit langem unsere Ministerien zu Schaltstellen der Wirtschaft umstrukturiert, d.h. sie dienen nur scheinbar dem Wohl des Volkes, in Wirklichkeit aber dem Wohlstand der Protzmannschen Profiteure. Wie mein Vorredner bereits überzeugend dargelegt hat, steigt ihr Profit mit dem Ausmaß der Schäden, d.h. je mehr Gewalttätigkeit, Umweltzerstörung und Ungerechtigkeit, um so mehr Aufträge für Industrie und Wirtschaft — und umso mehr Parteispenden und Steuereinnahmen für uns. Eine Hand wäscht eben die andere!

Deswegen halten wir es für selbstverständlich, z.B. bei Entscheidungen über Krieg und Frieden Empfehlungen der internationalen Waffenindustrie zu beachten und weniger die Sehnsucht der Menschen nach Frieden. Zur Beruhigung des ängstlichen Bürgers müssen unsere Militärausgaben und Gewalteinsätze natürlich glaubwürdig gemacht werden. Gute Dienste leisten dabei immer Stichworte wie ‚grausamer Diktator, versteckte Geheimwaffen, Folter, Cyberattacken, Achse des Bösen, geschändete Kultur oder aggressive Religion'. Die Übermittlung dieser Botschaften übertragen wir unseren Medien, auf deren Ergebenheit und Wortgewandtheit wir zählen können.

Auch bei anderen Themen überlassen wir den Profis das Feld. Sollen doch Chemiekonzerne die Landwirtschaftspolitik bestimmen und nicht etwa Bauern mit ihrem überlieferten Fachwissen, oder Bauwirtschaft und Großgrundbesitzer über die Landes- und Stadtentwicklung entscheiden und nicht etwa strukturbedingte Erfordernisse oder Bürgerbelange, oder Pharma- und Medizinindustrie die Gesundheitspolitik regeln und nicht etwa fundiertes Ärztewissen und das Leid der Patienten, oder die Autoindustrie die Verkehrspolitik vorgeben und nicht etwa die Bewahrung unserer Umwelt oder Gesundheit, oder Atom- und Kohleindustrie die Energieversorgung ordnen und nicht etwa preisgünstige und umweltschonende Alternativen dazu, oder die Finanzindustrie diktieren, wer zu welchen Bedingungen Nahrungsmittel, Wasser oder Renten erhält und nicht etwa die Grundansprüche der Menschen.

Um schon den Kindern den richtigen Weg für ihre Zukunft zu ebnen, hat unser Bildungsministerium in den Schulen die überflüssigen Fächer Geschichte, Sozialkunde, Musik,

Kunst und Sport marginalisiert, die Ansprüche bei Mathematik und Altsprachen herabgesetzt und den Fokus auf Wirtschaftskunde gerichtet — denn nur das zählt noch was in der Protzmannschen Welt. Schließlich kann bei uns nur ordentlich Geld verdienen, wer es in die Klasse der rücksichtslosen Absahner schafft und nicht etwa derjenige, der mit Bildung, Humanität, Kunst und Trallala die Leute langweilt oder gar als Gutmensch ehrliche Arbeit im Sinne des Gemeinwohls verrichtet. Obwohl wir uns deswegen bemühen, die Planstellen im Behördenapparat mit Duckmäuserichen und Schleimscheißerinnen zu besetzen, denken manchmal frisch eingestellte, noch nicht zurecht gerittene Amtskollegen, sie müssten tatsächlich gesetzliche Vorgaben anwenden und den Zeigefinger heben, wenn Ekelfleisch, Salmonelleneier oder giftige Substanzen entdeckt werden, wenn Freunderlwirtschaft und Steuerhinterziehung betrieben, wenn menschenunwürdige Zustände in Kliniken aufgedeckt, wenn die Natur zerstört wird, wenn das Grundwasser verseucht wird, wenn die Finanzwelt den Spekulanten den roten Teppich auslegt oder wenn tödliche Krankheiten durch überzuckerte Nahrung, durch Abgase oder Pestizide drohen.

Solche Ansinnen sind ausgesprochen ärgerlich! Wir können uns doch nicht wegen etwas Risiko den Blick verstellen lassen und anstelle der Protzmannschen Interessen das Wohlergehen der Bürger vertreten! Deswegen müssen wir dann die Übereifrigen in unserem internen System abmahnen, versetzen oder entlassen. Für den Fall, dass sich Mitarbeiter mit intimer Kenntnis unseres Verhaltens als Whistleblower betätigen und unsere Verstöße gegen das öffentliche Interesse rausposaunen, lassen wir sie durch unsere Justiz mit Hilfe von sorgsam bewahrten Gesetzen aus Diktatorenzeiten hinter Gitter bringen.

Wir vermeiden zu unserem Schutz jedes Risiko, dem Protzmannschen Gefolge gegenüber den Zeigefinger heben zu müssen und haben deswegen das Prinzip der Selbstkontrolle erfunden, das die Unternehmen in eigener Verantwortung wahrnehmen. Damit ist der Schein gegenüber Piff gewahrt und wir haben uns unserer Pflicht entledigt! So arbeitet die Atomindustrie mit ihren eigenen TÜV, die Pharmaindustrie mit ihren betriebsinternen Kontrollorganen, die Autoindustrie mit interner Abgasüberwachung oder die Sportindustrie mit ihren installierten Ethikgremien. Wegen der Selbstaufsicht müssen wir auch die Steuerschlupflöcher nicht schließen, da sich eventuelle Steuerhinterzieher selbst anzeigen. Wenn es trotz dieser weitsichtigen Handhabungen zu Skandalen, Unfällen, Vergiftungen, Krankheiten oder Todesfällen kommt, können wir unsere Hände in Unschuld waschen und unser maßloses Erstaunen darüber äußern — denn wer kann so etwas schon ahnen? Dann müssten wir ja auch wissen, dass der Papst katholisch ist! Klar, dass wir uns dann kurz empören — das sind wir Piff schuldig — oder in Extremfällen sogar mit aller Entschiedenheit handeln — dies aber so halbherzig wie irgend möglich!

Da unsere Art, Politik zu betreiben und Macht auszuüben, nahezu unangreifbar ist, fällt es uns leicht, die Kritiker unseres Nichthandelns — etwa Journalisten, Menschenrechtler, Naturschützer oder Komiker — immer wieder mit Preisen und Auszeichnungen zu versehen, wenn sie besonders extreme Auswüchse unseres politischen Handelns anprangern. Die in ihrer Kritik enthaltene Erwartung angemessener Korrekturen lassen wir an uns abtropfen, wie das Lotusblatt den strömenden Regen.

Unserem politischen Selbstschutz ist selbstverständlich auch geschuldet, dass die Rechtsprechung der Protzmannschen

Philosophie gegenüber aufgeschlossen ist. Darauf achten wir mit unseren Justizministern. Zum einen muss die Justiz ihren Bewertungen die durch uns zugelassenen wirtschaftsschlüpfrigen Gesetze zugrundelegen, zum anderen können Recht sprechende Vorsitzende mit von uns zu bestimmenden Karrieresprüngen zur richtigen Gangart verholfen werden. Es muss in diesem Kreis sicher nicht näher dargelegt werden, dass eine Realisierung der in verstaubten Schulbüchern beschriebenen Gewaltenteilung der Staatsorgane Parlament/Regierung/Justiz unsere Möglichkeiten, Protzmanns Kollegen unter die Arme zu greifen, erheblich einschränken würde.

Eine große Hilfe bei der Unterstützung von Herrn Protzmanns Zielen ist die Medienindustrie. Ihre Existenz und ihre finanzielle Ausstattung ist zum großen Teil an die Ansichten unserer politischen Räte und die Höhe von Werbeeinnahmen gebunden, so dass sich die davon abhängigen Journalisten gar nicht leisten können, mit ihren Recherchen das Volk objektiv und neutral zu informieren. Abgesehen von einigen Leuchtturmmitarbeitern, die zur Legitimation von freier Pressearbeit zuweilen den Schleier der Intransparenz frech etwas lüften dürfen, darf das Fußvolk den durch die Redaktion mit roten Linien vorgegebenen Korridor nicht verlassen. Die gemeinen Journalisten müssen kompetente Kritiker des Zeitgeschehens auf Abstand und von den Bildschirmen fern halten und stattdessen jeden Tag eine neue, bunte, aber unbedeutende Sau durchs Dorf treiben. Den Bürgern ist durch geeignete Skandalisierungen und einen unseren Interessen dienlichen Mix aus Meldungen einzutrichtern, was sie meinen und fühlen sollen und dass sie sich über diejenigen zu erregen haben, die im Mainstream der gerade politisch vertretenen Meinungen nicht mit schwimmen wollen.

Ein Teil dieser Aufgabe ist adrett aufgemachten, als Moderatorinnen getarnten Gouvernanten übertragen, die sich öffentlich um den Verstand von einfältigen Piffs sorgen. Im Normalfall dürfen die Medienvertreter natürlich Verletzungen von Leben, Körper, Würde, Rechten, von Natur und Landschaft anprangern — es sei denn, sie sind im Interesse von Wirtschaft, Politik, Religionen, Sportmagnaten, Investoren oder Prominenten hinzunehmen und müssen daher wortgewandt schön geredet werden. Für ihre eingeschränkte Sicht werben uns besonders zugetane Anstalten sogar mit einer Piratenklappe über dem blind gehaltenen Auge.

Wie überall, fällt es auch uns in der Politik nicht leicht, Personal zu finden, das die oft brutalen Marktinteressen mit demokratischer Wesensart verbrämen kann. In der Regel erfordert dies ein mehrjähriges Praktikum in der politischen Szene und manche lernen es trotzdem nie. Auch nach langer Zeit hängen sie immer noch der Wahnidee nach, sie könnten den Riesentanker, der Protzmanns Produkte spazieren fährt und von ihm gesteuert wird, auch nur eine Winzigkeit von seinem Kurs abbringen. Bei den gewählten Parlamentariern ist unser Einfluss gering, hier müssen wir nehmen, was kommt und versuchen, sie einfach ins Leere laufen zu lassen. Möglichkeiten hingegen bieten sich aber bei der Besetzung von Posten mit Schlüsselaufgaben, die politische Weichenstellungen vornehmen. Dass hier fachliche Kompetenz eher hinderlich ist, versteht sich eigentlich von selbst. Hier können sich nur Personen Chancen ausrechnen, die sich bereits mit unterwürfiger Loyalität, mit geschickter Entstellung der Wahrheit oder mit Betrugserfahrung einen Namen gemacht haben. Spitzenämter sind im Grunde genommen nur etwas für Narzissten oder Psychopathen, die im Mittelpunkt stehen wollen und von keinerlei Selbstzweifeln geplagt sind. Dafür bringen oft Männer keine schlechten Vorraussetzungen mit. Frauen können darüber hinaus etwa mit ihrem Wankelmut Gewaltiges leisten, wenn sie heute fürs Sparen sind und morgen fürs Schulden machen, heute für Atomenergie und morgen dagegen oder heute für Frieden und morgen für Waffenlieferungen in Krisengebiete. Rigolettos klangreiche Feststellung, dass ‚La Donna mobile‘ ist, wissen Protzmanns Freunde zu schätzen und unterstützen gern zusätzlich auch männliche politische Ziellosigkeit, da sie ordentlich Geld aus den Beuteln der Steuerzahler in ihre Keller klimpern lässt.

Wie schon mein Vorredner muss auch ich bedauern, dass in unseren Kreisen immer wieder Personen — etwa Minister oder Behördenvertreter — so ungeschickt sind, sich bei ihren Tätigkeiten für die gute Sache ertappen zu lassen und zurücktreten müssen. Dank der uns gewogenen Justiz und dem kurzen Gedächtnis der Öffentlichkeit hat das aber weder den Betroffenen, noch unseren Parteien geschadet. Seit einiger Zeit schon bieten wir für in Bedrängnis geratene Kollegen Crashkurse an, in denen abgehalfterte Präsidenten als Großmeister der politischen Deliktkunst kreative Ratschläge zu Wahrheitsfindung, Falschdarstellung oder übler Nachrede erteilen — Teilnahme natürlich gratis, die Kosten übernimmt Piff.

Ich will nun noch kurz auf die Art unseres Handelns und Sprechens eingehen, das vom Volk immer als edel, hilfreich und entschlossen wahrgenommen werden sollte. Obwohl wir eigentlich aufgrund unserer verfassungsmäßigen Aufgaben nahezu ununterbrochen handeln müssten, um die vielen Missstände abzustellen, tun wir genau dies nicht. Es würde uns nicht gedankt werden, weil es von der Öffentlichkeit entweder nicht wahrgenommen oder Ärger entfachen würde. Nein, wir lassen immer erst das Kind in den Brunnen fallen und orientieren danach eventuelle Rettungsmaßnahmen an der Vehemenz des Protestes und ihrer möglichen Auswirkung auf unsere Wiederwahl. Deswegen unterwerfen wir auch statistische Dokumentationen unseren Vorspiegelungswünschen und streiten erst einmal grundsätzlich alle Gefahren ab: die der Klimaveränderung ebenso, wie die der alles vernichtenden Radioaktivität, der Vermüllung unseres Planeten, der Arbeitslosigkeit von Jugendlichen, der Fluchtursachen von Millionen von Menschen, der Meeresüberfischung oder der schuldlos Verarmten. Wir betrachten unsere Kriege als gerechtfertigt und können nicht erkennen, dass ein tausendfaches Töten Unschuldiger den Terror der Armen erst fördert. Wir empfangen die aus verwüsteten Ländern Fliehenden mit offenen Armen, da sie Protzmanns Gesellschaft mit billigen Arbeitskräften unter die Arme greifen und zugunsten unserer Ausbeutungswünsche der korrupten Heimat ihre geistigen Fähigkeiten vorenthalten.

Nichts sehen, nichts hören, nichts tun — ein gebührende Leugnung der Lebenswirklichkeit — oft leider zum Unverständnis der kommunalen Ebene oder von kritischen Bürgern — hilft uns, viel Ärger mit Protzmann oder mit anderen Regierenden gleichen Geistes zu vermeiden. Jede der durch unser Verhalten zu erwartenden Krise nehmen wir gerne in Kauf — hilft sie doch, unsere Rettungsbemühungen medienwirksam zu vermarkten. Zur Beruhigung und Ablenkung der Bürgerschaft, die natürlich immer die durch unser Aussitzen verursachten Kosten zu übernehmen hat, lassen wir unser politisches Spitzenpersonal nach vorheriger Absprache mit unserer fürsorglichen Aufsicht palavern, bedauern und Versprechungen machen. Ihre Herrschaftssprache bringt den Bürgern respektvolle Ehrfurcht vor der kompetenten Einsicht ihrer Volksvertreter bei, so dass ihnen in Unkenntnis unserer intransparenten Machenschaften nicht die Haare zu Berge stehen müssen und sie da verharren, wo wir sie am liebsten sehen: bei Fußball, Krimis und Spielchen.

Abschließend noch ein kleiner Scherz: einige Wissenschaftler wollen herausgefunden haben, dass gerade manche von uns mit einem überzogenen politischen Rechtsdrall, die aus Gegenden mit schlechten Schulen kommen, nur über begrenzte geistige Kapazitäten verfügen! — Fatal, wenn dem nicht so wäre, kann man dem nur fröhlich entgegnen. Denn nur dank ihrer Kurzsichtigkeit sind sie überhaupt in der Lage, über jede Art von Bedenken hinwegzugehen und die von ihnen angerichteten Schäden nicht zu bemerken oder zu verdrängen. Daraus beziehen sie überhaupt erst die Kraft, ihrer Gier nach Geld und Macht den erforderlichen Nachdruck zu verleihen und den Bürgern durch ihr beispielgebendes Handeln zu vermitteln, dass man nur dann wirklich erfolgreich sein kann, wenn Gesetze übersehen, Verträge gebrochen und Versprechen nicht gehalten werden. Andernfalls hätten sie ja schon damals die durch ihren unfairen Handel mit verursachten Kriege und Terroranschläge beendet und auf die Warnungen der Klimaforscher gehört. In diesem Fall wären Profiteinbußen bei ihren Freunden allerdings nicht zu vermeiden gewesen, ein Ereignis, das für viele von ihnen als Schutzpatrone der Protzmannschen Gesellschaft nicht einmal in den wildesten Träumen vorstellbar ist. Deswegen wurde ja auch Piff dazu verdonnert, Protzmanns Werbeaktivitäten mit zu bezahlen, die ihm den ganzen lieben Tag aus allen erdenklichen Winkeln entgegen schreien und ihm Bedürfnisse einreden wollen, auf die er womöglich von selbst gar nicht kommen würde.

Leider ist Piff in seiner Meinungsvielfalt unberechenbar. Zur Vorsicht halten wir ihn daher auf Abstand — keine Piffbefragungen und keine unnötigen Debatten. Falls sich Befassungen politischer Gremien nicht vermeiden lassen, achten wir immer darauf, den im Raum stehenden Interessen zuverlässig zum Durchbruch zu verhelfen. Um den Lobbyisten dabei nicht das unangenehme Gefühl vermitteln zu müssen, sie stünden zum Verzehr bereits auf unserer Speisekarte, lassen wir sie bei unseren Festmalen mit am Tisch sitzen und an den Entscheidungen mitwirken. So kann am ehesten sichergestellt werden, dass die Dinge in Protzmanns Sinne manipuliert werden können — egal, ob das gesundheitlichen oder gar ethischen Ansprüchen entspricht oder notwendig ist. Wir machen damit unsere Freunde reicher und bewahren mit unseren warmen Versprechungen die Zukurzgekommenen vor allzu schlechter Laune. Auch wenn Zerstörungen und mörderische Kriege an der Tagesordnung sind und das Klima rebelliert — solange Protzmanns Mitglieder zufrieden sind, wir ohne Kritik salbungsvolle Neujahrsansprachen halten dürfen, die demokratische Mehrheit der Piffs im Schlafzustand gehalten werden kann und uns immer wieder wählt, kann uns keine Schuld an Irgendetwas untergeschoben werden.“

Herr Kriecher strebt selbstgefällig seinem Sitzplatz zu, ohne offenbar von Protzmanns genervten Gesichtsausdruck Notiz zu nehmen.

Unterdessen erhebt sich Zyankalius und geht auf das Pult zu. „Ich denke, dass damit unseren anwesenden Gästen klar gemacht werden konnte, was in unserer Welt wichtig ist und worauf wir auch zukünftig nicht verzichten wollen. Sie sind also, verehrte Damen und Herren, alle aufgefordert, im Sinne des gerade Gehörten tätig zu sein, sich dafür mit einer dicken Haut auszurüsten, die Sie auch ohne Rückgrat aufrecht stehen lässt und alle ihre schauspielerischen Täuschungsmöglichkeiten einzusetzen. Und denken Sie immer daran, auch Ihnen selbst wird es nur gut gehen, wenn die Geldberge in Protzmanns Keller wachsen und wachsen — was natürlich nur mit diskreter, aber unbeirrbarer Loyalität gelingen kann.

Schon der gute Platon, ein Schüler des Sokrates im alten Griechenland, beschrieb in einem Gleichnis die Situation unseres Daseins: die Menschen sitzen gefesselt in einer unterirdischen Höhle und blicken auf an eine Wand geworfene Schattenbilder, die mit Gegenständen durch ein Feuer hinter ihnen erzeugt werden. Sie müssen diese Erscheinung irdischer Dinge als Realität ansehen, da ihnen der Austritt aus der Höhle und der Zugang zur Sonne und zum Tageslicht versagt bleibt. Zum Glück ist dies bis heute, 2500 Jahre nach dieser philosophischen Erkenntnis, so geblieben und daran darf sich auch zukünftig nichts ändern. Daher, meine Damen und Herren aus der Politik, lassen Sie Presse, Rundfunk und Fernsehen nur berichten, was den Piffs zuträglich ist, fördern Sie die Größe der Buchstaben bei der Ihnen am Herzen liegenden Presse, lassen Sie Blödsinn in jeder Form senden und untersagen Sie Moderatoren, für Sie peinliche Fragen zu stellen, auf die Sie keine einleuchtenden Antworten haben. So erhalten Sie den Menschen ihre Schattenbilder und sich selbst die Sonne der Erkenntnis.

Meine Damen und Herren, wir werden nun unsere Ausführungen für den Vormittag beschließen. Der Nachmittag ist vorgesehen für Informationen darüber, wie die Geschäftsbeziehungen der Politik zur Pharmaindustrie und anderen Drogengeschäften verbessert werden können, ohne dies an die große Glocke hängen zu müssen. Auch die Verbindungen zu den bekannten Mafiaclans werden thematisiert, ihr Einfluss übertrifft in manchen Ländern die der größten bekannten Konzerne. Sie spielt daher im Beziehungsgeflecht der Wirtschaft eine mächtige Rolle. Das wird noch einmal spannend und sollte auf keinen Fall versäumt werden. Zum Abschluss besteht die Möglichkeit, sich verschiedene wirklichkeitsnahe Filmdokumentationen anzusehen mit Informationen über lukrative Geschäftspraktiken, geschickte Ausbeutungstricks, geheimen Waffen- und Menschenhandel, verborgene Korruptionspraktiken und Tipps zum Umgang mit Menschenwürde in Entwicklungsländern.

Nach dem Mittagessen — als geschmackvolle Beute aus einem korrupten und durch uns ausgebeuteten afrikanischen Land steht übrigens Victoriabarsch auf der Speisekarte — sollten Sie sich noch unsere kleine Ausstellung in den angrenzenden Räumen ansehen. Sie zeigt eine kleine Auswahl von Fotos über die durch uns verursachten Kollateralschäden, die tunlichst der Öffentlichkeit erspart bleiben sollten, etwa Verwüstungen der Regenwälder, über durch Tretminen verstümmelte Kinder ...",

er hält kurz inne, „... apropos Tretminen, die im Nahen Osten ... beste Qualität! Habe ich leider selbst in Erfahrung bringen müssen ...". Zyankalius tritt neben sein Pult und zieht das rechte Hosenbein hoch. „Klasse - Kunstbein, sehen Sie? ...

... ja und weiter über Landschaftsverwüstung durch Ölsandabbau, über Selbstmorde aufgrund zwangsverordnetem Anbau von Genpflanzen, über Unfälle durch ungesicherten Abbau von Bodenschätzen, über Strahlenopfer aus Atomkraftwerken, über verhungernde Menschen, über durch chemische

Spritzmittel unfruchtbar gewordene Felder, über verschiedene Arten von starkstrombewehrten Sicherheitszäunen gegen rücksichtslose Flüchtlinge, usw.. Sie sind alle in Ländern entstanden, deren Regierungschefs sich regelmäßig treffen. Wenn behauptet wird, die Staatsfürsten würden sich in der Belle Etage untertänigst gegenseitig Wangen und Füße küssen, sich ihrer Freundschaft versichern und geeignete Bestechungsmittel für wichtige Geschäfte abschätzen — währenddessen im Souterrain an den neuen Bombensätzen für den nächsten Anschlag im Nachbarland gebastelt wird — wäre dies unflätigste Verleumdung!

Sie erinnern sich, wie ich eingangs den Sand in den Augen der Menschen erwähnte? — Und nun, guten Appetit!"

Abrupt hört der Film auf.

„Das war's", sagt Marie etwas tonlos in Erinnerung der damaligen unglaublichen Veranstaltung. „Beim Mittagessen wären wir als Spione aufgefallen, also machten wir uns so unauffällig wie möglich aus dem Staub.

Ihr beide könnt davon ausgehen, dass das Video die damalige Art des Umgangs zwischen Volk, Politik, Wirtschaft, Justiz und Medien zwar irgendwie umreißt — ob allerdings die Äußerungen immer mit der Realität übereinstimmen, kann ich schwer einschätzen. Die Redner dürften infolge der gemeinsamen Grundphilosophie dieser speziellen Versammlung einfach enthemmt gewesen sein und deswegen quasi in Trance Aussagen getroffen haben, die sie im Normalfall niemals so ungeschminkt ansprechen würden. Über einige Darlegungen gab es fundierte Zeitungsberichte, einiges war wenig glaubhaft oder nur halb richtig, anderes allerdings noch schlimmer. In der Realität gab es unglaubliche Geschichten! Jeder Mensch kann zur Bestie werden, wenn seine Eitelkeit, seine Macht oder sein

Vermögen ernsthaft bedroht ist und dann alles auf eine Karte setzen. Ähnlich wie ein Selbstmordattentäter, der für sein Tun allerdings andere Schrauben locker hat. Beide sind auf ihre Art verblendet. Ich denke, dass es angesichts der damaligen weltpolitischen Situation nur eine Frage der Zeit war, dass das Klimadesaster eintrat.“

Sophie meinte angewidert: „Für mich hatte die Vorstellung geradezu den Anschein, als ob sich damals das Protzmannsche Gefolge gegenüber demokratischen Staaten wie Zuhälter gegenüber den von ihnen abhängigen Frauen verhalten durfte …“

„… wobei die Staaten,“ Marie will den Vergleich nicht kommentieren, „oft bereits im vorauseilenden Gehorsam jeden Anschein eines Widerstands gegen ihre Betreuer aus dem Weg räumten. So waren etwa bei uns in Deutschland die heute wichtigsten Themen Umwelt- und Verbraucherschutz in Ministerien untergebracht, in denen die Baulöwen und die Spritzmittelhändler über den Umgang mit freier Landschaft und die Qualität der Nahrung entschieden. Das Ergebnis war dann ähnlich überraschend, als wenn man Fuchs und Gans gemeinsam in einen Stall gesperrt hätte. Wenn dies jetzt immer noch so wäre, hätte die Regierung bereits vor Ablauf der Legislaturperiode ihre Weiterarbeit verwirkt.“

Als die drei jungen Leute das Hotel verließen, meinte Marie: „Was ihr gerade gehört habt, liegt nun Jahre zurück. Die Zeiten haben sich seit damals entscheidend verändert. Ebenso, wie Kinder in der Schule davon abgehalten werden, das Mobiliar zu zertrümmern, Schwächere zu verprügeln oder abzuschreiben, werden heute Zerstörungen unseres Lebensraums, Plünderungen hilfloser Staaten oder Betrügereien entschieden geächtet.

Und uns Frauen ist es zwischenzeitlich gelungen, dass wir uns nicht mehr der oft martialischen Männerwelt anpassen müssen, um vermeintlich gleichberechtigt den knallharten wirtschaftlichen Ansprüche genügen zu können. Heute werden unsere Leistungen, die wir gerade aufgrund unserer typisch weiblichen Fähigkeiten konkurrenzlos erbringen können, den männlichen gleichwertig angesehen und damit auch gleichwertig vergütet.

Mit dem politischen Wandel wurde ja bekanntermaßen nicht nur eine falsche Politik zu Grabe getragen — heute gibt es bei uns auch keine untauglichen Präsidentinnen oder Kanzler mehr, keine von Politikern besetzte Vorstandsposten in der Wirtschaft, es gibt auch keine ‚no-go - Viertel oder undemokratische Abhängigkeiten — unsere Regierenden haben schlicht und einfach ihre vorrangigen Pflichten gegenüber den Menschen mit wachsendem Erfolg zu erfüllen. Michel und ich hatten uns gedacht, dass diese Rückschau es euch leichter macht, zu verstehen, warum die euch vertrauten jetzt praktizierten strengen Regeln der Kompasspolitik absolut erforderlich sind.“

6 Glut und Flut
Erinnerung an Warnungen und Katastrophentage

Michel und Marie treten gemeinsam mit Sophie und Max in die Fahrradpedale und folgen dem Flusslauf der Isar stromaufwärts. Gerade haben sie die Stadtgrenze hinter sich gelassen. Sie bewegen sich nun im topografisch sehr bewegten Geländes der Isarhänge. Die Sonne scheint, der Boden ist vom nächtlichen Regen noch feucht.

„Schon vor der Flutkatastrophe war dieses Gebiet der reinste Abenteuerspielplatz", ruft Michel seinen Begleitern zu, „wir vergnügten uns hier als Buben mit unseren Bikes und wetteiferten wagemutig um die halsbrecherischsten Fahrtrouten."

Heute ist das Gelände durch Erdrutsche und Abbrüche, durch entwurzelte Bäume und neuen Aufwuchs, durch Nagelfluhbrocken und Wassertümpel noch undurchdringlicher. Die Befahrbarkeit des ausgewählten Pfades ist grenzwertig. Aber der Politikernachwuchs klagt nicht, im Gegenteil, sie haben großen Spaß an dieser Herausforderung ihrer Geschicklichkeit.

Marie bedeutet, vorsichtig abzubremsen. „Wir lassen unsere Räder am besten hier stehen und laufen den Rest zu Fuß. Hier muss es doch irgendwo sein, oder?"

Michel überlegt. „Auch ich war ewig nicht mehr hier, und alles hat sich so verändert. Ich glaube, da hinauf geht's zum Indianer". Er nimmt seinen Rucksack vom Gepäckträger.

„Indianer?" fragt Sophie, „ich dachte, wir wollten den Fotobericht über die Katastrophe ansehen und besprechen."

Michel grinst ob seiner gelungenen Überraschung. „Wusstet Ihr das nicht? Hier an der Isar gab's schon immer Indianer. Wir besuchen heute „Weitblickenden Adler", aus dem Stamm der Sioux, einen kreativen Kämpfer in der Zeit unserer Reformaktion."

Sie stellen ihre Fahrräder ab, arbeiten sich aufwärts durch die den Pfad versperrenden Zweige, folgen den überraschenden Biegungen und stehen etwas außer Atem plötzlich auf der Anhöhe. Eine große, sonnenbeschienene Lichtung tut sich auf, blinzelnd schauen sie sich um.

Unter der mächtigen Eiche unmittelbar neben der Öffnung einer Höhle, die sich in den mit undurchdringlichem Bewuchs bestandenem Erdhügel befindet, erhebt sich der Gastgeber, als er die Gruppe bemerkt. Er ist von imposanter Gestalt, schlank und drahtig, groß gewachsen, in abgenutzte Ledersachen gekleidet und trägt zwei prächtige Adlerfedern in seinen langen, glänzend schwarzen Haaren.

„'Weitblickender Adler' heißt Euch willkommen", sagt er freundlich mit sonorer Stimme, umarmt Michel und Marie kurz und herzlich und nickt den zwei Jungpolitikern zu. „Setzt Euch mit mir zu meinem Bruder, dem Baum und lasst Euch berichten von den Tagen, die damals den Tod vieler unserer Brüder und Schwestern bedeuteten und die Seelen der Überlebenden verfinsterten."

Michel nutzt seine Pause und meint, „Ihr müsst wissen, ‚Weitblickender Adler' ist Sohn mächtiger Vorväter, die über lange Zeit die Häuptlinge seines Stammes in Nordamerika stellten. Diese mussten durch Worte und Taten viel Überzeugungsarbeit für ihresgleichen leisten, ‚Weitblickender Adler' kann daher auf eine lange Tradition indianischer Wortmächtigkeit und Überzeugungskunst zurückblicken. Noch vor der Katastrophe hatte er in München auf Bitte von Umweltverbänden eine eindrucksvolle Ansprache vor größerem Publikum gehalten, um deren Warnungen vor den Gefahren für die Menschheit Nachdruck zu verleihen. Er hat versprochen, sie in unserer heutigen kleinen Runde als Einstieg in die Katastrophenschilderung in gekürzter Form wiederzugeben."

„Danke, Michel, weißer Bruder," fährt der Indianer fort, „das Ereignis ist zwar nun schon etwas länger her, aber ich denke, ich werde die damaligen Worte noch finden." Er nimmt eine respektgebietende Sitzhaltung ein, legt seine Hände auf die verschränkten Beine, schweigt einige Minuten und beginnt mit leiser, aber nachdrücklicher Stimme:

„Unser ruhmreiches indianisches Volk hat viele Vorväter gehabt, die alle in der Weitergabe ihrer Weisheit und ihrer Traditionen eine ihrer wichtigsten Aufgaben gesehen haben.

Nach indianischer Überlieferung einte sie die tiefe Ehrfurcht vor der Natur. Unser Volk achtete alles Leben und es achtete den Menschen.

In der Natur spürten wir die Kraft und die Güte des großen Manitou. Himmel und Erde, Luft und Wasser waren ein Teil von uns. Duftende Blumen ergötzten uns, Adler lehrten uns Weitsicht, Mustangs halfen uns bei der Jagd nach unserer Nahrung.

Die Menschen waren unsere Brüder und Schwestern. Wir respektierten einander, selbst wenn wir auf dem Kriegspfad waren und töten mussten. Und unsere Frauen liebten wir nicht nur, wir schätzten ihr Wissen und ihre Urteilsfähigkeit und statteten sie mit weitreichenden Befugnissen aus.

Ein Mann wurde wegen seiner Verdienste in den Rat der Weisen berufen, nicht wegen der Anzahl der Pferde, die er sein eigen nannte. Wir bestimmten die Fähigsten und Tapfersten zu unseren Führern, unsere Häuptlinge waren voller Klugheit, sie haben uns gegen Feinde beschützt, sie haben uns zu nahrhaften Jagdgründen voller Bisons geführt und über Streitigkeiten in unserem Stamm geschlichtet.

Gemeinsam bewahrten wir die Schöpfung des großen Manitou und entnahmen aus seinem Reich nur, was wir für unser Leben brauchten. Denn wir haben die Erde nicht von unseren Eltern geerbt, sondern von unseren Kindern geliehen.

Wir achteten das glitzernde Wasser, es gab uns zu trinken und trug unsere Kanus. Die unerschöpflichen Jagdgründe haben wir so genutzt, dass sie unversehrt blieben. Niemand von uns musste Not leiden.

Wir liebten unsere Kinder und nahmen uns Zeit, um sie behutsam mit den Anforderungen unseres manchmal auch entbehrungsreichen Lebens vertraut zu machen. Wir lehrten sie zu verstehen, wie alles Lebendige auf einander angewiesen ist. So konnten sie mit der Umsicht ihrer Vorväter der Zukunft entgegensehen und sich ihrer dadurch würdig erweisen.

Jeder Einzelne in unserem Volk wurde geachtet, jeder hatte seine Aufgaben und Pflichten, seine Tätigkeit wurde geschätzt und wenn er alt war, sorgten wir für ihn.

Wie alle unsere Väter haben wir zu keiner Zeit unseren Kindern oder der Welt des großen Manitou Schäden oder Verheerungen hinterlassen. Die unversehrte Erde gehörte unseren Vätern und so sollte sie auch unseren Kindern überlassen werden. Wir waren ihr mit unserer Sippe in Vergangenheit und Zukunft verpflichtet.“

Hier macht ‚Weitblickender Adler‘ eine kurze Pause und fährt dann mit erhobener Stimme fort:

„Ihr Bleichgesichter aber, ihr tut nichts von alledem.

Ihr taumelt ohne höhere Eingebung von einen Tag in den anderen.

Für euch zählt nur das persönliche Haben. Euren steinernen Wigwams und euren blechernen Mustangs muss die duftende Erde weichen, eure nie verlöschenden Feuer und eure künstlichen Gifte töten Tiere und Pflanzen. Wie sollen sie euch dann Freude bereiten, wie können sie euch Nahrung sein? Und eure Feuer trüben die Luft, die alles Lebendige zum Atmen braucht. Sie verfinstern die Sonne und die Geschöpfe der Erde leiden Mangel.

Zu euren Häuptlingen macht ihr nicht die Klügsten und Weitsichtigsten. Nein, in eurer beschränkten Einsicht wählt ihr euresgleichen. Und am liebsten sucht ihr diejenigen aus, die Euch noch mehr Besitz, noch mehr Wigwams und Mustangs und noch mehr Feuer versprechen. Mit Wohlgefallen verfolgt ihr an euren Bildgeräten, wenn diese sich mit mörderischen Herrschern, mit ausbeuterischen Wirtschaftshäuptlingen oder mit unersättlichen Finanzführern zu ausschweifenden Festmahlen treffen, um ihnen ihre Wünsche von den Augen abzulesen.

Deren Verheißungen ergreifen Besitz von euren Sinnen. So könnt ihr den Bedächtigen und den Weisen kein Gehör mehr schenken, die eurem Tun Einhalt gebieten wollen. In eurer Verblendung erkennt ihr nicht, dass sie dies zu eurem Nutzen wollen, nicht zu eurem Schaden. Nein, ihr freut euch, wenn eure Häuptlinge mit gespaltener Zunge reden und euch auf falsche Fährten führen. Es gefällt euch, wenn sie euch immer wieder aufs Neue mit großen Worten und unhaltbaren Prophezeiungen betrügen. Ihr vertraut ihnen trotzdem von einer Katastrophe zur nächsten, von einer Krise zur anderen. Ihr verschließt eure Augen und wollt die bereits angerichteten Verheerungen nicht sehen. Ihr lasst euch mit dem Feuerwasser süßer Versprechungen betäuben. Ihr nehmt dies ohne Widerspruch hin und winselt wie die feigen Kojoten.

Wenn ihr nicht freiwillig bekommt, was ihr für Euer üppiges Leben braucht, raubt ihr es aus fernen Ländern mit den schweren Geräten und metallenen Vögeln. Und wenn ihr selbst den Kriegspfad nicht beschreiten wollt, dann springt ihr euren falschen Freunden bei, plündert mit ihnen die kostbaren Schätze aus Manitous Reich und lasst Erde und Wasser zusammen mit euren Brüdern und Schwestern in Chaos und Asche zurück.

Denn gemeinsam huldigt ihr dem Götzen ‚Der alles zu Geld macht‘. Von ihm lasst ihr euer Herz versteinern und euer Haupt vernebeln. Vor ihm kuscht ihr und werft euch in den Staub. Ihm opfert ihr und kein Opfer kann groß genug sein.

Dafür verkauft ihr eure Seele. Ihr lasst euch blenden von falschen Medizinmännern, die euch Wohlergehen verheißen, wenn ihr das Reich des großen Manitou mit flüssigen Steinen und tödlichen Lösungen unfruchtbar macht, wenn ihr nicht mehr zu Fuß lauft, wenn ihr eure Nahrung vergiftet und wenn ihr euer Haupt vor jedem Gedanken über das Morgen verschont. Ihr seht zu, wie eure Brüder und Schwestern ausgebeutet werden, wie ihnen ihre Würde genommen wird, wie sie in fremden Ländern zu eurem eigennützigen Vorteil am Marterpfahl sterben oder ihre Heimat verlassen müssen, um nicht Skalpjägern zum Opfer zu fallen oder in geplünderten Jagdgründen zu verhungern. Zu ihrem Verderben führt ihr Euer verschwenderisches Leben. Es hält euch davon ab, wahrzunehmen, wie sich auch eurem eigenen Leben immer schneller bedrohliche schwarze Schatten nähern. Denn ‚Der alles zu Geld macht‘ betäubt euren Verstand und tötet eure Instinkte.

Schon eure Vorväter verfügten nur über begrenzten Weitblick. Auch sie verbrauchten unsere gemeinsame Erde für ihren flüchtigen Genuss. Eure Väter führten fort, was sie gelehrt wurden. Ihr als ihre Schüler meint, sie noch übertreffen zu müssen. Ihr wehrt euch nicht gegen die Habsüchtigen, ihr erkennt nicht die Grenzen, die uns der große Manitou für unser aller Leben gesetzt hat.

Eure Blindheit gebt ihr an eure Kindern weiter. Ihr vernachlässigt ihre Erziehung, ihr gebt ihnen Spielzeug, das jede Phantasie im Keim erstickt, ihr schließt sie in Räume ein, die sie der mit Leben erfüllten Erde entfremden, ihr setzt sie laufenden Bildern und üblen Spielen aus, die ihren Verstand besetzen und ihre Kreativität in falsche Bahnen leiten. Wenn sie älter sind, überlasst ihr sie seelenlosen Instanzen und setzt sie ungeschützt den grausamen Bedingungen des Götzen aus. Anstatt sie zu lehren, sich am Zirpen einer im Gras versteckten Grille zu erfreuen, haltet ihr sie dazu an, auf das Klingen einer zu Boden fallenden Münze zu achten.

Ihr zerstört mit Eurer blinden Gier nicht nur die Reste traditioneller Kultur eurer Vorväter in Dörfern und Städten, ihr zerstört die Vielfalt der lebendigen Schöpfung des großen Manitou überall auf der Erde. Wo ihr sie berührt, ist sie wund. ‚Der alles zu Geld macht‘ aber erfreut sich an euren Opfergaben, er lacht über Eure beschränkten Einsichten und sieht dem Tag entgegen, an dem ihr ihm auch euer eigenes Leben opfert.

In der Zeit, die Menschen noch auf der Erde verbringen können, werden sich eure Kinder entsetzen müssen über immer mehr verwüstete Landschaften, die keine Früchte mehr hervorbringen, über verseuchte Gewässer, in denen keine Fische mehr schwimmen und über abgeschlagene Wälder, die keinem Wild mehr Schutz bieten können. Sie werden tosenden Stürmen, feindlichen Wüsten, vernichtenden Fluten und todbringenden Krankheiten ausgesetzt sein. Sie werden sich hierhin und dorthin flüchten und sich gegenseitig um ihr Leben bringen, weil sie kein reines Wasser mehr finden, womit sie ihren Durst löschen und weil sie keine Büffel mehr erlegen können, um ihren Hunger zu stillen. Und die Erinnerung an ihre Väter und Vorväter wird verbunden sein mit Verwünschungen über deren grenzenlose Dummheit und unersättliche Habsucht.

Daher, Bleichgesichter — haltet ein, solange ihr noch Kraft dazu aufbringt! Besinnt euch, solange ihr es noch vermögt! Legt eine Rast ein und wartet, bis eure Seelen euch wieder eingeholt haben. Setzt eurer Gier Grenzen und schafft euch allen gemeinsam einen strengen Überlebenskodex. Bringt jeden einzelnen dazu, sich zu diesem Kodex zu bekennen. Beendet euren todbringenden Wettlauf. Das Gesetz menschlichen Lebens ist erst dann erfüllt, wenn wir recht handeln und wenn zwischen jedem einzelnen Menschen und jedem Volk Gerechtigkeit herrscht.

Vernichtet den Götzen auf brennenden Scheiten, tanzt um das lodernde Feuer und raucht mit allen Menschen unseres Planeten gemeinsam die Friedenspfeife!

Hugh!“

Er lockert seine Haltung und wendet sich Marie und Michel zu. „Okay?“

Alle sind beeindruckt und berührt, Sophie kann ihre Tränen kaum zurückhalten. „Wenn man zurückdenkt,“ meint Marie, und ihre Stimme ist etwas belegt, „selbst eine sofortige Umkehr der Menschen nach dieser Rede damals hätte die Katastrophe nicht verhindert. Außerdem sind bereits vorher viele andere aufrüttelnde Reden gehalten worden. Es war einfach zu spät! Viel zu spät!"

„Solange wir nicht alle in die ewigen Jagdgründe abberufen worden sind, ist es nie zu spät," widerspricht ‚Weitblickender Adler' sanft, „und ihr habt nun euren Kodex bzw. euren Kompass. Also achtet ihn, verbreitet ihn in alle Länder und pflegt ihn, auf dass er Kindern und Kindeskindern zugute kommt und mit ihnen weiterlebt."

Er erhebt sich, entfernt sich etwas von der Gruppe, nestelt ein Handy aus seiner Lederkleidung und telefoniert „...... ja, zu meiner Höhle, fünf Stück", ist noch zu verstehen.

Michel öffnet seinen Rucksack und bringt das Notebook und eine Fotomappe zum Vorschein. „Lasst uns gegen die Sonne sitzen und etwas in den Baumschatten rücken, damit wir die Videos besser erkennen."

Alle suchen sich einen geeigneten Platz. „Es begann — wie so oft bei großen Heimsuchungen der Menschheit — irgendwie harmlos, nämlich mit örtlichen Ausschreitungen von Jugendlichen in Berlin und anderen Städten", schilderte Marie den Anfang, „d.h. mit Ereignissen, an die man sich damals schon fast gewöhnt hatte. Alle paar Wochen wurde über soziale Unruhen berichtet, über Menschen, die keine Arbeit bekamen, über Personen, die die Finanzkrisen mittellos gemacht haben, über Migranten, die von ihren Arbeitgebern respektlos behandelt wurden, über Flüchtlinge, deren Behausungen abgefackelt wurden, über arbeitslose Jugendliche in seelenlosen Vorstädten, über Alte, die in Seniorenheimen vernachlässigt wurden oder deren Rente wegen einer insolventen Versicherung ausfiel. Ich kann mich gut erinnern, ich beachtete die Berichte kaum mehr.

Eines Abends gab es dann einen Sonderbericht im Fernsehen — trotz des Ernstes der Lage ständig unterbrochen von Werbespots über Pralinen, Unterwäsche und Scheuermittel. Er zeigte besonders heftige Proteste — ja, man sieht sie hier in dem Video — bei denen Autos angezündet, Schaufenster eingeworfen, aber eben auch Geschäfte aufgebrochen, geplündert und in Brand gesetzt worden sind.

Die Polizei — von andauernden ähnlich gearteten Eskalationen selbst bereits mehr als frustriert — reagierte brutal. Wasserwerfer, Kampfgas, Gummigeschosse, scharfe Munition. Es gab Verletzte und Tote. Am nächsten Tag setzten sich die Unruhen fort, in Hamburg, in Frankfurt, dann auch in Paris, in London, in Mailand — ich weiß nicht mehr, wo sonst noch. Manche Politiker meinten, den Randalierern moralisches Versagen vorwerfen zu müssen — das brachte die Verzweifelten jedoch erst recht auf die Palme!

Es ging dann alles drunter und drüber, die Auseinandersetzungen wurden geradezu kriegerisch, der Notstand wurde ausgerufen, ganze Stadtteile brannten, die Polizei war restlos überfordert, Bundeswehr und sogar Panzer fuhren auf — ja, dieses Video gibt die Kämpfe gut wieder. Es war für die Bevölkerung ziemlich bedrohlich, in manchen Stadtteilen konnte man kaum noch auf die Straße. Die Krankenhäuser platzten aus allen Nähten, die Berichte überstürzten sich. Und es schien eine Verbindung zu bestehen zwischen den Protestlern in Deutschland, Frankreich, England, Italien und anderen Ländern, so eine Art Globalisierung der Verzweifelten und Ausgegrenzten."

Michel setzte den Bericht fort. „Die Politiker hatten die ungewöhnliche Lage nicht im Griff, berichteten aber unverdrossen über ihre entschlossenen Absichten. Und tatsächlich, nach etwa einer Woche ließen die Proteste nach — aber nicht infolge geschickter Maßnahmen der gut organisierten Staatsmacht .... es war ja Anfang Juli und seit Tagen schon schönes Wetter, also zunächst ideal für die Unruhen und für die Wirksamkeit der Brandsätze. Nein, sie ließen deswegen nach, weil das Wetter Aktivitäten aller Art regelrecht zum Austrocknen brachte.

Die anfangs als angenehm warm empfundenen Temperaturen stiegen täglich weiter an, 35°C, 40°C. Aber es wurde noch heißer! Die Sonne über Europa brannte unbarmherzig, der Himmel war ohne eine einzige Wolke. Die Wetterprognosen der privaten Institute malten bereits seit längerem ihre geschäftsfördernden und daher oft überzogenen Katastrophenszenarien. Dann aber teilten auch die amtlichen Wetterstationen deren Meinung.“

„Ja, toll war das für uns Kinder,“ fiel Max ein, „die Sommerferien waren nahe, in der Schule war kaum noch was los, und wir konnten jeden Nachmittag zum Baden — entweder an unseren Baggersee, oder an den Fluss. Bald fiel uns aber auf, dass da immer weniger Wasser war, der Wasserspiegel sank, der Fluss wurde zum Rinnsal.“

Michel nickte. „Das war der Anfang. Die Pflanzen vertrockneten, Laubbäume warfen ihre Blätter ab, die Gemüsefelder konnten nicht mehr ausreichend gewässert werden. Nach einiger Zeit wurde das Wasser rationiert und wir in unserem gemäßigten Klima erlebten auf einmal das, was in vielen Teilen der Welt in ganz anderen Ausmaßen seit langem schon fast als Normalität angesehen werden musste.

Die Bevölkerung war zunehmend besorgt. Die Politik fühlte sich dann irgendwann bemüßigt, eine Einschätzung abzugeben. Beruhigende Worte, alles im Griff, wenn nötig, wird geholfen, sorgfältige Beobachtung. Eben so, wie man es erwarten durfte aufgrund früherer politischer Einschätzungen bei Atomkraftwerksbränden, Sturmfluten, Orkanen.

Etwa drei Wochen nach Beginn der Unruhen musste auch der Strom rationiert werden, viel zu lange hat man auf veraltete und umweltschädliche Energieerzeugung gesetzt. Zwei Umspannwerke explodierten. Mangels Kühlwasser aus den ausgetrockneten Flüssen mussten die ersten, immer als zuverlässig gepriesenen Atomkraftwerke abgeschaltet werden, Kühlhäuser meldeten Probleme. Viele Stadtwohnungen Europas waren überhitzt und kaum noch bewohnbar, die Temperaturen sanken auch nachts nur wenig, Kühlgeräte waren ausverkauft bzw. konnten wegen des knappen Stroms nicht verwendet werden. Die Todesfälle vor allem bei kleineren Kindern und älteren Menschen häuften sich. Die Brandgefahr stieg.

Dann war es soweit. Feuer brach aus — an vielen Stellen gleichzeitig, Feuerwehren waren pausenlos im Einsatz. Winde fuhren in die glühende Asche und verbreiteten sie weiträumig über die trockenen Fluren. Die wenigen, noch nachhaltig bewirtschafteten Wälder boten Widerstand und kamen manchmal mit geringeren Schäden davon. Wenig Chancen hatten die vielen nach Profitkriterien bewirtschafteten Wälder. Dazu gehörten auch ehemalige Staatsforsten — von der Politik an private Holzverwertungsfirmen verpachtet, die sich um Nachhaltigkeit einen Teufel scherten. Als die knochentrockenen Fichtenwälder südlich von München brannten und der Feuersturm die Flammen mit doppelter Windgeschwindigkeit waagrecht vor sich herjagte, konnten auch die Gebäude am Stadtrand nicht mehr geschützt werden. Es brannte tagelang. Die eingesetzten Löschhubschrauber und -flugzeuge waren einer solchen Ausnahmesituation nicht im Entferntesten gewachsen. Hunderte von Menschen verbrannten in den Flammen, Tausende kamen um durch den tödlichen Smog."

„Lange war es hier in meiner Höhle nicht so gut auszuhalten — bevor sich die Feuer näherten, natürlich. Prima Klima sozusagen", erinnert sich ‚Weitblickender Adler', „während es hier draußen, wo wir jetzt sitzen, unerträglich war. Und es wurde noch schlimmer, die Temperaturen stiegen auf 45°C und darüber. Ohne überheblich sein zu wollen, ich war über dieses Ereignis nicht wirklich erstaunt. Auch wenn ich vielleicht nicht mehr über die Instinkte verfüge, die meine Vorväter noch hatten — meine Naturbeobachtungen warnten mich seit Jahren."

Die Sonne brennt inzwischen erbarmungslos. Marie rutscht schon länger unruhig hin und her, die Wärme und die Bilder der damaligen Gluthitze können einem schon zusetzen. Alle legen ab, was irgend ging.

Sophie nimmt sich ein Foto, das eine Autobahn mit ihrem aufgeweichten Asphaltbelag zeigt. Marie kommentiert: „Solche Schäden nahmen von Tag zu Tag zu und ließen den Autoverkehr versiegen. Der Bahnverkehr musste bereits vorher wegen der durch die Hitze verformten Schienen eingestellt werden. Das Ende der Mobilität bedeutete auch das Ende des Warenaustausches. Zu den ersten Engpässen bei der Trinkwasserversorgung z.B. in Franken kamen die Lieferprobleme bei der Lebensmittelversorgung. Nach Presseberichten gab es in Europa damals Ende Juli bereits etwa hunderttausend Tote, eine Zahl, die später deutlich nach oben korrigiert werden musste. Dies lag auch daran, dass infizierte Mücken, die aus Afrika zu uns geweht worden sind, Denguefieber, Gelbfieber, Malaria und andere Tropenkrankheiten auf Menschen übertrugen und ärztliche Fürsorge — wenn überhaupt, nur noch selten möglich war."

Die Fotodokumentation enthält auch Bilder aus ländlichen Bereichen. Eines davon nimmt sich Max heraus. „Etwa so sah es auch auf unseren Feldern aus. Wenn Vater mit dem Traktor auf die Felder fuhr, staubte es wie verrückt. Er ließ es dann sowieso bleiben, die Pflanzen waren ausgetrocknet und mit einer schmutzigen Pulverschicht überzogen. Für einen Landwirt ein Anblick, wie er wohl schlimmer nicht sein kann."

Ihre Lichtung ist ein ruhiges Plätzchen, nur von weit her sind ab und zu Fahrzeuggeräusche zu hören. Jetzt aber knackt es im Gebüsch und gedämpfte Schritte sind zu hören. Dünne Äste werden beiseite geschoben und da steht er, der Pizzabote mit dem roten Käppi und seinen Kartons. „Hey", macht er.

‚Weitblickender Adler‘ steht auf, begrüßt ihn und winkt die Leckereien heran. „Mein Spezialversorger!" meint er, „nach längerem Forschen fand ich einen Dienst, der zusagte, die Mühen des kurzen Waldlaufs von der Straße bis zu meiner Höhle auf sich zu nehmen, um meine Wünsche zu erfüllen." Er zahlt, dankt und entlässt den Jungen wieder. „Ich schlage vor, wir greifen gleich zu," sagt er und verteilt die Pizzen. „Ihr seid meine Gäste. Hier habe ich auch Wasser, mit und ohne Feuer", grinst er.

Das läßt sich die Gruppe nicht zweimal sagen, sie machen es sich so bequem wie möglich und essen mit Genuss die noch warme Köstlichkeit.

„Schmeckt‘s euch denn überhaupt nach diesem Katastrophenbericht?" Michel ist sich nicht ganz sicher.

Aber Sophie und Max waren bereits in ihrer Kindheit ausreichend gestählt worden. Wegen der knappen Zeit damals ließ es sich nicht vermeiden, auch während der Mahlzeiten manchmal die makabersten Ereignisse in den TV - Berichten mit ansehen zu müssen. Max erinnert sich: „Da ertranken Flüchtlinge aus Afrika im Mittelmeer zu Tausenden. Da sprengten sich Selbstmordattentäter innerhalb wartender Menschen in die Luft — der Terror des armen Mannes. Und woanders führten die bestausgestatteten Armeen der Welt Krieg gegen Häuser und Menschen in schwachen Staaten — der Terror des reichen Mannes. Hunderte von Toten und Verstümmelten, manchmal täglich. Dagegen sind Hitzetote einfach weniger spektakulär, vor allem, wenn sie auf den ersten Blick Folge eines zufälligen Wetterereignisses sind.“

„Was ja bekanntermaßen nicht der Fall war.“ Michel blättert in der Fotomappe. „So ein Ereignis mit dieser wahnsinnigen Gewalt hatten wir nach Aussage der Wissenschaftler niemals in den letzten Jahrhunderten. Und das, was dann danach kam, auch nicht.“ Er zieht einige Aufnahmen heraus, die gewaltige Wolkenformationen zeigen. „Das sind Veröffentlichungen der Wetterinstitute, die das Unheil ankündigten, das vom Atlantik auf uns zu raste. Infolge der ungewöhnlich langen Gluthitze und der Verdunstung über dem warmen Meerwasser entstanden gewaltige Unterschiede bei Temperatur, Luftdruck und Luftfeuchtigkeit. Die ungewöhnlich großen Wolkenwirbel — hier einige Satellitenfotos — bewegten sich in irrer Geschwindigkeit auf Europa zu.“

Marie wählt auf dem Notebook ein Video aus und lässt es laufen. „Diese Aufnahmen wurden nordwestlich von Berlin gemacht. Die wochenlange Hitze hat die landwirtschaftlich intensiv genutzten Böden völlig ausgetrocknet und mit Rissen überzogen, wegen der ausgeräumten Fluren ohne schützende Wäl-

118

der, Hecken oder Sträucher war nahezu der gesamte noch verbliebene fruchtbare Boden bereits ausgewaschen und weggeweht. Hier erkennt man die Wirkungen des herannahenden Windes: im Nu ist ein Sandsturm entfacht, wie er etwa aus der Sahara bekannt ist. Und jetzt — der Rüssel ist dahinten schon erkennbar — kommen die Tornados hinzu, zuerst kleine, dann große und riesige.

Jetzt ein Szenenwechsel nach Berlin .... ein Tornado deckt Dächer ab .... hier fliegt gerade eines durch die Straßen und zerschellt an der Fassade .... da, ein Auto war in die Höhe gerissen worden und knallt kopfüber zurück auf die Straße .... dahinten pfeifen Mülltonnen durch die Luft und hier vorne, da liegen Menschen auf dem Gehsteig. Und hier, das muss ein Segelhafen sein, am Wannsee vielleicht ...... die Boote zerstört, ineinander verbohrt, z.Tl. liegen sie auf dem Festland ....."

Michel rückt das Notebook etwas zu sich und spielt ein anderes Video ein. „Gegenüber dem alles vernichtenden Wüten des Sturms auf dem Festland, das es in dieser Heftigkeit auch noch nie gegeben hat, erinnerte der Orkan an den Küsten fast an ähnliche schwere Wetter. Nur die immense Gewalt und die Windgeschwindigkeiten von über 300 km/Stunde machte den Unterschied. Diese Video hier zeigt eine Aufnahme beim Hamburger Hafen ..... offenbar aus einem Fenster gedreht ..... da, die für die Riesenschiffe vertiefte und mit hohen Deichen versehene Elbe lässt das wütende Nordseewasser wie durch eine riesige Düse in das Hafenbecken hineinschießen ...., Barkassen kieloben ..... Holzteile wirbeln durch die Luft ..... Hafenkräne umgerissen und zu Boden geschleudert .... die seinerzeit zu gewaltigen Kosten errichtete Elbphilharmonie nur noch eine Ruine ..... das Wasser steht meterhoch in den Straßen der Altstadt..... der mechanische Flutschutz konnte seine Aufgabe längst nicht mehr wahrnehmen.

Ja und das, das muss wohl die Insel Sylt sein ..... hier wütet eine gewaltige Sturmflut .... das Wasser fegt bei Westerland in Fetzen über das Meer, der Orkan heult, die Promenade steht tief unter brüllendem Meerwasser, Teile von zertrümmerten Strandkörben fliegen durch die Luft, ... die Schuttreste hier, die an die Mauer gepresst werden, könnten von der zerrissenen Musikmuschel stammen. Und hier ..... der Deich ...... er ist überflutet, große Teile der Deichkrone sind weg, man sieht noch Büsche von Heckenrosen auf dem tosenden Wasser. Jetzt von einem anderen Blickwinkel, offenbar von einem Appartementhaus gefilmt .... nur die höher gelegenen Straßen sind noch zu erkennen, alles andere steht unter Wasser ..... Autos werden vom Sturm wie Spielzeug an die Hauswände geschleudert .... Dachteile rasen durch die Luft und krachen in Gärten.“

Marie greift sich eines der Fotos. „Hier eine der Aufnahmen, die nach dem Abebben der Katastrophe gemacht worden ist. Ich kenne nämlich die Insel von einigen Urlaubsaufenthalten ganz gut. Leider ist diese Perle der Nordsee mit ihrer einmaligen Landschaft über Jahrzehnte hinweg durch Zersiedelung, Betonierung und Bebauung inmitten der Dünen systematisch zu Grunde gerichtet worden. Zum Vorteil der Gäste hieß es offiziell — tatsächlich aber zum Wohle der Geldanleger und der ihnen freundlich gesonnenen, höchst eigennützigen örtlichen Profitbarone und Politiker und zum Ärger der meisten Einheimischen. Viele von ihnen konnten sich die teure Heimat nicht mehr leisten und mussten die Insel verlassen — als Opfer des Tourismuserfolgs! Man sieht hier zerstörte Fenster und Außenwände von Häusern, z.Tl. offenbar auch durch die Steine der

vielen Friesenwälle verursacht, die es auf der Insel überall gibt
und die durch die brutale Wassergewalt mit dem wahnsinnigen
Sturm wie Bomben in die Häuser katapultiert worden sind. Dahinten scheint ein Haus völlig ruiniert worden zu sein, kein
Dach mehr, nur noch aufragende Wandreste und Schutt ...

... übrigens wurden nach dem Beinahe - Weltuntergang
der Insel zahlreiche Gebäude vor allem innerhalb der Dünen-
landschaft nicht wieder aufgebaut, ein Neubau von Zweitwoh-
nungen war untersagt, Touristen konnten keine Autos mehr auf
die Insel nehmen, die früher beliebte Inselbahn wurde mit neu-
ester Technik wieder errichtet, zahlreiche seinerzeit von der Insel vertriebenen Einwohner konnten wieder Arbeit und Wohnung finden und kehrten in ihre alte Heimat zurück. Mehr Natur, reine Luft und ein auskömmliches Leben für Einwohner
und Gäste waren Lebensumstände, die erst mit der allgemeinen
Zügelung der Profitgier erreicht werden konnten."

Marie dreht das Notebook wieder etwas zu sich. „Der
Sturm bewegte sich vom Atlantik in Richtung Osten und flaute
dann nach etwa zwei Tagen ab. Er zog praktisch die Wolkenge-
birge hinter sich her, über Spanien, Frankreich, England,
Deutschland und die skandinavischen Länder. Und die brachten
das, was in den Wochen davor so fehlte: Regen, Regen, Regen.
Aber nicht den Regen, wie man ihn in unseren europäischen
Breiten kennt, sondern Regen in einer unbekannten Stärke und
Wucht, die Wissenschaftler meinten später, dass so ein Regen-
ereignis sogar in den tiefsten Tropen noch nicht beobachtet
worden war. Im Nu standen Straßen und Keller unter Wasser, in
den Städten — auch hier in München — war das Wasser zunächst mit der vielen staubtrockenen Erde und Pflanzen aus
Grünanlagen und Gärten vermischt, die die Fluten mit großer

Gewalt mit sich riss. Diese Video hier ist einen Tag später aufgenommen zeigt einen Blick auf die Isar — nicht hier, wo wir jetzt sitzen, sondern weiter stromab, das müsste der Bereich beim Tierpark Hellabrunn sein. Man erkennt hier, wie sich die braunen Wassermassen bereits im gesamten Hochwasserbett ausgebreitet haben und brodelnd die gesamte Holzkonstruktion der Thalkirchner Brücke umspülen."

Michel klickt ein anderes Video an. „Zwei Tage später passierte es dann. Die ganze Zeit regnete es ununterbrochen, soweit ich mich erinnern kann, überall, in Paris so wie in London oder München. Und natürlich erst recht in den Alpen und im Voralpenland. Die Isar war seit 1959 durch den Sylvensteinspeicher reguliert und gezähmt. Die in den Jahren davor unberechenbaren Hochwasserüberflutungen der Stadt München, die z.B. der Volkssänger Karl Valentin in seinen Jugenderinnerungen anschaulich beschrieben hat, traten nicht mehr auf. Wie bei allen Stauseen füllte sich aber auch der Isarspeicher im Laufe der Jahrzehnte mit immer mehr Geröll und Sedimenten, die durch die Zuflüsse in das Staubecken gespült wurden. Trotz Erhöhung der Staumauer sank das Fassungsvermögen des Staubeckens unaufhaltsam. Wegen ungeschickter Finanzaktionen war der Staat überschuldet, sodass notwendige Infrastrukturmaßnahmen zurückgestellt wurden, eben auch die am Sylvensteinspeicher. Obwohl durch die wochenlange Hitze der Wasserspiegel im Stausee stark abgesenkt war, stieg er dann infolge der tagelangen ungewöhnlich starken Regengüsse rasend schnell wieder an. Der in der Staumauer eingebaute Grundablass war durch Geröll längst verstopft, die anderen Ablässe nicht leistungsfähig genug. Trotz Öffnung aller Notauslässe stieg der Wasserspiegel weiter und weiter und trat schließlich über die

Mauerkrone. Einige Stunden hielt die Mauer dem Druck noch stand. Dieses Video zeigt, was dann geschah: sie barst! Wie bei einer Explosion fliegen die Betonstücke durch die Luft, die tonnenschweren Wassermassen ergießen sich brüllend mit gewaltiger Gischt ins Tal .... hier erkennt man die Flutwelle, die alles, was ihr im Weg ist, zerstört und mit sich reisst."

„In den Presseberichten damals," übernimmt nun der Indianer das Wort, „waren die Folgen dieser Sintflut natürlich ausführlich beschrieben — d.h. soweit dies anfangs überhaupt möglich war. Der unaufhörlich strömenden Regen bedeutete das Ende des gewohnten Lebens. Die Menschen hatten genug damit zu tun, sich selbst zu retten, ihren Hausrat in Sicherheit zu bringen oder Unterkunft zu finden. Technisches Hilfswerk, Feuerwehr, Polizei, Bundeswehr und alle, die irgendwie helfen konnten, waren ununterbrochen im Einsatz. Schon der Regen in den ersten Tagen überschwemmte viele Städte, zahllose Dörfer und Einzelanwesen. Bereits vor der Isarflutwelle stand Wolfratshausen durch das Hochwasser der Loisach unter Wasser. Nach dem Bruch der Staumauer waren im Isartal Brücken und Gebäude über weite Strecken weggerissen oder beschädigt.

Selbst in grauer Vorzeit wird es so ein Ereignis nicht gegeben haben. Die Flutwelle verwüstete die Wälder und Hänge beiderseits des Flussbetts, und wenn wir hier hinunterschauen — und das tat ich damals auch — dann kann man immer noch die Hangrutsche und Waldbrüche erkennen. Nur damals toste der Fluss mit seiner Beute von Steinen, Bäumen und Asphaltschollen donnernd durch das Tal, heute fließt und gurgelt er über die damals geschaffenen Stromschnellen friedlich dahin."

„Der Regen hörte so abrupt auf, wie er begonnen hatte," fuhr Michel fort, „in den vier Tagen wurden Landflächen riesigen Ausmaßes unter Wasser gesetzt .... hier einige Luftfotos aus dem damaligen Freistaat. In Brandenburg, Frankreich und Dänemark sah es nicht viel anders aus. Zu dem Regen kamen überall Ereignisse dazu, die man davor nicht für möglich gehalten hätte. Da stürzten mächtige Kirchen ein, deren Fundamente in den durchnässten Böden keinen Halt mehr fanden, Atomkraftwerke wurden erheblich beschädigt, konnten durch beherztes Eingreifen des Personals aber knapp vor dem Schlimmsten bewahrt werden, Autos wurden von den Wasserfluten mitgerissen, versanken in irgendeinem Gewässer und tauchten nie mehr auf, Tiere in unvorstellbarer Zahl ertranken, die aus Tierparks entflohenen wilden Tiere suchten sich Schutzräume, in denen manche noch Jahre später entdeckt wurden. Aus dem Tierpark Hellabrunn in München, der ja unmittelbar neben der Isar liegt — wurden etwa Krokodile und Schlangen vermisst. Das massive Gemäuer des Deutschen Museums auf der Isarinsel hielt der Flutwelle zwar stand, durch die zerborstenen Fenster und Türen drang jedoch das Wasser in die tiefsten Keller und beförderte ehrwürdige Eisenbahnmodelle, alte Gaslampen, Fernrohre, Phiolen und unzählige weitere Schätze ans Tageslicht und machte sie zum Treibgut, das isarabwärts mitgerissen wurde. Das Wasser schwappte weit in die Altstadt und die ufernahen Stadtteile, auch das Hotel Kompasshof wurde in Mitleidenschaft gezogen. In Europa wurden hunderttausende von Todesopfern registriert, die materiellen Schäden wurden auf unvorstellbare Summen geschätzt, zuverlässige Zahlen konnten nie ermittelt werden."

Michel schwieg. Die anderen auch. Alle konnten sich an diese Katastrophe erinnern, jeder hatte seine eigenen persönlichen Erlebnisse. Es war wie ein Weltuntergang.

Die Menschheit betrachtete damals ihren Planeten immer noch als unendlich belastbar. Eine Annahme, die über Millionen von Jahren Menschheitsgeschichte richtig gewesen sein mag, aber die bereits damals wegen der zunehmenden Zahl von Menschen und ihrer zerstörerischen Aktivitäten längst hätte revidiert werden müssen. Die Menschen in vielen Ländern der Erde, die die negativen Auswirkungen bisher schon tagtäglich hautnah erfahren mussten, wussten dies schon lange. Die anderen hingegen wollten nichts wahrhaben.

Nun mussten sie diese Erfahrung selbst machen. In Europa!

Die Nachmittagssonne schickte ihre Strahlen von Westen über die weitläufigen Wälder des Forstenrieder Parks und das Isartal.

7 Alpenterrasse
ZEUS erläutert den politischen Kompass

Vom Zug aus genießen sie den Ausblick auf die wunderbare Landschaft des Voralpenlandes. Es ist noch früh am Tage, gerade haben sie Rosenheim hinter sich gelassen und überqueren die Innbrücke. Über den träge dahin fließenden Wassermassen des breiten Flusses schweben Nebelreste.

„Die Bahnstrecke hier war mehrere Jahre nicht befahrbar", sagt Michel, „nach der Katastrophe waren viele Brücken zerstört und fortgespült. Der Wiederaufbau gelang natürlich nicht von heute auf morgen. Da hinten erkennt man, wie sich wieder junge Bäume inmitten der damals vollkommen überspülten und entwurzelten riesigen ehemaligen Waldfläche entwickeln. Keine Fichtenmonokultur mehr, sondern natürlicher Aufwuchs. Das Landschaftsbild wird sich völlig verändern."

Während der gesamten Strecke fallen ihnen immer wieder Zeugnisse der damaligen Verheerungen auf, Überreste von zerstörten Häusern, unterbrochene Asphaltbänder oder Masten ohne erkennbare Aufgabe. Die Schienenstrecke war an manchen Stellen völlig neu trassiert worden, weil man aus Angst vor weiterem Unheil die Nähe zu Flüssen und Berghängen mit Risiken von Überschwemmungen und Murenabgängen meiden wollte.

Max ging noch immer das Video von der Geheimtagung und die von den Protagonisten vertretene Philosophie zum Leben und Wirtschaften in unserer Welt im Kopf herum. „Ich muss noch einmal auf die Kernaussage dieser Veranstaltung zurückkommen. Für mich, der diese Art von Demokratie gar nicht mehr kennen gelernt hat, ergibt sich daraus die Botschaft, dass damals die Politik mit Wirtschaft und Justiz ein Leben auf unserem Planeten zugelassen und sogar noch befördert hat, das direkt ins Verderben führte. Einzelne, mit Weisheit gesegnete Persönlichkeiten wären nach den Schilderungen wohl niemals in der Lage gewesen, dieser gewaltigen Bewegung etwas entgegenzusetzen. Angesichts der heute praktizierten Politik ist das kaum nachvollziehbar."

„Ja, das sagt sich heute leicht. Im Nachhinein erscheint manches Vergangene in einem klareren Licht." Prometheus seufzt. „Natürlich gab es damals — wie heute auch — eine Vielzahl von Menschen, die über den Gartenzaun blickten und die sich auch zu Wort meldeten. Ihre Beiträge wurden zwar veröffentlicht und diskutiert, zerstoben aber im Sturm der Interessen, so beachtenswert sie auch gewesen sein mochten. Auch heute würde dies vielleicht kaum anders sein. Erst die Todesangst vor weiterem Unheil konnte die Menschen so erschüttern, dass sie bereit waren, die eigene Habgier zu bezwingen und eine andere Politik zu verfolgen. Wie diese diskutiert und schließlich umgesetzt werden konnte" — Prometheus wandte sich dabei an Georg — „das wird uns Zeus gleich berichten."

„Zeus? War das nicht der griechische Götterboss aus der Antike?" Max erinnert sich dunkel an den Geschichtsunterricht in seiner Schule.

Michel versucht, die Stimmung bei den Überlebenden unmittelbar nach der Katastrophe wiederzugeben: „Die Nerven der Menschen lagen blank. Niemand hätte sich so ein furchtbares Ereignis ausmalen können, alle früher vorgefallenen Unfälle, Terroranschläge oder Wetterkapriolen nahmen sich zwergenhaft dagegen aus, die schlimmsten Albträume konnten das Erlebte nicht illustrieren. Die in der menschlichen Vorstellung tief im Untergrund brodelnde Hölle, der jeder für sich persönlich zu entkommen hofft, ist mit ihrer vernichtenden und furchterregenden Zerstörungswucht einfach nach oben zu uns Menschen auf die Erde gekommen.

Hatten die Bürger schon immer begrenztes Vertrauen in die intransparente Politik, in die windigen Banken, in die oft betrügerische Wirtschaft, in die seegepeitschte Justiz und in die zum Teil reißerische und schlaubergerische Scheuklappenpresse — damals sank es auf einen Tiefpunkt. Wie waren sie doch getäuscht worden! Nur sehr, sehr mühsam und mit viel Elan gelang es einigen wenigen engagierten Bürgern, die anderen davon zu überzeugen, dass sie trotz der bitteren Erfahrung keine andere Wahl haben, als wieder von Neuem auf die Politik — allerdings auf eine andere und zuverlässige — zu setzen. Eine knappe Mehrheit stimmte also dafür, eine Art Notfallgremium aus einer Reihe von unabhängigen, klugen Männern und Frauen zusammenzustellen, das sich überzeugende und wirksame Veränderungen einfallen lassen sollte. Um dieser Institution eine ihren Aufgaben angemessene Bezeichnung zuzuweisen, erhielt sie den Namen ‚Z E U S — Zentrum für Erneuerung und Systemwandel‘.“

Sophie kann sich an dieses Gremium erinnern. Sie schüttelt den Kopf. „Ich kann mir einfach nicht vorstellen, dass die Menschen heute so anders sein sollen als damals. Vor allem die Politiker konnten doch nicht alle beschränkt gewesen sein und hätten doch selbst das Ruder herumreißen können!“

Dieser Einwurf ist Georgs Stichwort: „Vollkommen richtig. Waren sie natürlich auch nicht. Wie Prometheus schon erwähnte, stellten Tausende von klugen Köpfen ihre kompetente Sicht über alternatives politisches Handeln weltweit immer wieder dar — in Debatten, in Büchern, in den Medien, in öffentlichen Vorträgen. Und ich hatte eine Vielzahl von engagierten und verzweifelten Mitstreitern in der politischen Szene — gerade auch Frauen waren ganz vorn mit dabei — die sich bei wichtigen Themen für das Gegenteil dessen einsetzten, was letztlich die Mehrheit beschlossen hat ….“

„…. aber in die oft mit unverrückbar festen Ansichten behaftete, einfältige oder wankelmütige Mehrheit floss Einfluss und Geld hinein …“, kann Prometheus nicht an sich halten, „benebelte ihren Verstand und überließ ihr Abstimmungsverhalten dem Bauch. Man muss sich ja nur die Redebeiträge mancher Volksvertreter in Erinnerung rufen, oder manche wegen Betrug und Korruption verurteilten Behördenvertreter und Minister, oder die Präsidenten, die mit dem Arsch wieder eingerissen haben, was der Vorgänger mühsam aufgebaut hat, oder die Regierungschefinnen, die sich an Einsichten von Krämerseelen orientiert haben, oder die eifersüchtigen Missbilligungen konstruktiver Vorschläge von Oppositionsparteien — diese Art einer weltweit üblichen Staatenlenkung musste über kurz oder lang in einer Katastrophe enden!“

Zwischenzeitlich am Ziel angekommen, lassen sie sich mit dem Bus vom Bahnhof Berchtesgaden zum Sternehotel auf den Obersalzberg bringen. An diesem geschichtsträchtigen Ort wird in einem Museum das Unwesen des Hitlerreiches dokumentiert. „Hitler war trotz demokratischer Regeln leider auch nicht zu verhindern,“ meint Michel „und da es auch danach immer wieder andere Ungetüme mit sonderbaren Herrschaftsvorstellungen in der damaligen Welt gab, hätte man sich schon mal Gedanken machen können, wie man diese Staatsform gegen solche Heimsuchungen wappnen kann. Aber lassen wir das, gleich müsste ein alter Freund von Georg auftauchen, gehen wir doch schon zum Gebäude hinüber!" Die Maisonne steht schon hoch, sie betreten die Terrasse mit den einladenden Tischen und Stühlen, beschattet von riesigen Sonnenschirmen. Ohne ihren Schutz wäre es mit der Sonne hier im Freien kaum mehr auszuhalten, unter ihnen zu sitzen hingegen ist gerade noch erträglich.

Gemeinsam genießen sie zuerst den Rundblick von ihrem Standort, sehen die eng stehenden Gebäude des historischen Marktes Berchtesgaden mit Schloss, Stiftskirche und königlicher Villa, den Watzmann, den Hochkalter, den Untersberg und in der Ferne die Festung Hohensalzburg. „Ja, auch den Blaueisgletscher am Hochkalter, den gibt's schon lange nicht mehr" antwortet Prometheus auf den suchenden Blick Michels hin, „eines der vielen Opfer unserer Klimaveränderung. — Übrigens, ich habe euch schon eine Erfrischung auf den Tisch stellen lassen, gleich hier unter dem großen Schirm."

Kaum hat es sich die kleine Gruppe bequem gemacht, biegt schnellen Schritts ein sportlicher, braun gebrannter Mann um die Hausecke, kommt auf ihrem Tisch zu und ruft: „Georg! Mei, dass du jetzt hier bist — ich hatte fast jede Hoffnung aufgegeben!" Sichtlich überrascht steht Georg auf, „Toni!" entfährt es ihm, „was machst denn Du hier, alter Schulspezi?" Toni mit seiner knappen Zeit als Forscher in den Berchtesgadener Bergen war der Grund für den Ausflug der Gruppe an diesen wunderschönen Ort.

„Tja, ich wurde zu Höherem berufen und ZEUS beigeordnet. Prometheus hat mich zu diesem Treffen gebeten, um für Dich und die beiden Anwärter ...", er wandte sich Sophie und Max zu, den beiden Jüngsten in der Runde „... etwas aus dem Nähkästchen zu plaudern. Vielleicht ist sogar etwas dabei, was auch Marie und Michel noch nicht gehört haben. Obwohl wir uns schon lange kennen und auch damals immer wieder Kontakt hatten." Er nickt den beiden freundlich zu.

„Ja, Zeus, dann fang gleich mal an," meint Prometheus. „Wir sollten fertig sein, bevor die Mittagshitze kommt, damit wir hier nicht gebraten werden. Wie seid ihr damals die Aufgabe angegangen?"

Zeus, alias Toni, legt mit der Erfahrung eines immer wieder Berichtenden los und versucht dabei, allgemein Bekanntes wegzulassen. „Zunächst möchte ich doch noch einmal feststellen, dass alle Mitglieder unseres Gremiums frei von Abhängigkeiten jeder Art waren. Kein wirtschaftliches, kein parteitaktisches und kein persönliches Interesse beeinträchtigte unsere Sacharbeit, allein unser gesunder Menschenverstand, unser Fachwissen und unsere Lebenserfahrung waren maßgebend für die Mitwirkung — eine Voraussetzung übrigens, die in den damaligen Zeiten so gut wie ausgestorben schien. Auch im Verlauf unserer monatelangen Tätigkeit konnte ich keine gegenteiligen Anzeichen bei unserer Gruppe erkennen — und wer mich kennt, weiß, dass da auf mich Verlass ist.

Ja, unsere Aufgabe war es also, die Ursachen des Klimadesasters auszumachen, ein Meinungsbild der Bürger zu dokumentieren und eine realistische Reform des politischen Systems vorzuschlagen, die auch langfristig den Menschen eine lebenswerte Welt sichert — und zwar zuverlässig!

Beim ersten Punkt gab es kaum Überraschungen — drastisch zunehmende Klimagase, Urwaldrodung, Luft- und Wasserverschmutzung, Erwärmung der Meere, Bodenverseuchung, Landschaftsversiegelung, Naturvernichtung — nahezu alles war bereits vor der Katastrophe bis in die letzte Einzelheit bekannt.

Die komplexe Wirkung dieser gewaltigen Schädigung mit der dadurch verursachten zunehmenden Erderwärmung führte nachweislich zum damaligen Desaster — und nicht etwa erdgeschichtlich bedingte Prozesse oder Launen der Natur, wie es damals oft gut geschmierte Kritikaster der besorgten Klimaforscher glauben machen wollten. Zudem war keineswegs die wachsende Zahl der Erdbevölkerung mit ihren lebensnotwendigen Bedürfnissen Grund für die todbringende Entwicklung. Schuld war die Einigkeit der Protagonisten darin, der menschlichen Unersättlichkeit — einer Eigenart, die allen anderen Lebewesen auf unserem Planeten abgeht — freien Lauf zu lassen. Dem schier unendlichen Eigennutz wurde nichts entgegengesetzt. Mächtige forderten ihn erst recht ein und setzten ihn auch mit Waffengewalt durch. Diese Unart war integraler Bestandteil der globalen Marktwirtschaft. Seine Akteure konnten umso mehr Profit erwarten, je mehr Produkte hergestellt wurden, je kostengünstiger unser Planet dafür ausgeplündert werden konnte, je schlechter die Menschen für ihre Tätigkeiten vergütet wurden, je mehr Kosten von den Akteuren ferngehalten, je mehr soziale Anrechte reduziert und je mehr öffentliche Güter privatisiert wurden. Ein kleiner Teil der dabei noch zusätzlich eingesetzten umfassenden Betrügereien wurde zwar aufgedeckt, der größere aber blieb im Dunkeln. Die schnelle Gewinnerwartung großer, aber auch kleiner Finanzakteure führte zu einer immer schnelleren Entwertung von Umwelt und Arbeitsleistung und beschleunigte damit noch die falsche Entwicklung. Trotz edler Vorgaben in ihren Verfassungen unterstützten die Nationalstaaten die Spekulanten, weil sie im Wettbewerb miteinander zum Nachteil anderer selbst davon profitieren wollten. Länder mit den mächtigsten Akteuren konnten damit schwächere immer leichter von sich abhängig machen oder ausbooten. Ein Sonderfall waren die Zwergstaaten: sie nutzten das weltweite politische Phlegma gegenüber Betrügereien zu ihren Gunsten und registrierten in ihren Meldeämtern virtuelle Firmen und Einwohner, die zwar körperlich in ihrem kleinen Land niemals real Platz gefunden hätten, aber ihre Kostbarkeiten in den dort aufgestellten Briefkästen mit Trick 17 zu optimalen Konditionen deponieren durften. Mit Geldern dieser Steuerflüchtlinge, die sie anderen Staaten vorenthielten, lebten die Winzlinge wie die Maden im Speck.

Das Spiel machten also nicht die Volksvertreter in den damaligen Demokratien, die bei ihrer Entscheidungsfindung auf den Rat der Klugen, Bedächtigen und Ehrlichen hätten hören müssen, sondern die Schlauen, Schnellen und Gerissenen außerhalb der Staatsmacht. Diese Profitwilderer zerstörten weltweit die natürlichen Lebensgrundlagen und die über Jahrhunderte gewachsenen Klein- und Sozialstrukturen, entwickelten daraus für sich selbst die fettesten Futtertröge und sicherten sich die größten Besitztümer ....."

… „logisch, denn nur die größten Krokodile können alle anderen in Schach halten," fuhr Prometheus wütend dazwischen, „aber anders als der Mensch sind die wenigstens auch mal satt!"

Zeus nickte. „Die verbreitete räuberische Bereicherungssucht einer darin äußerst erfolgreichen Minderheit zu Lasten einer breiten Mehrheit machte ein ständiges Wachstum der Gütermenge um jeden Preis erforderlich und zerstörte durch Produktion, Abfall und Transport — jedes Jahr wurde die Masse mehrerer Cheopspyramiden um die Welt geschickt — immer schneller die Bedingungen für menschliches Leben auf unserem Planeten."

„Schwer zu verstehen, dass es trotz der vielen Weitsichtigen damals nicht gelungen ist, diesen Wachstumswahnsinn zu stoppen," meint Max kopfschüttelnd.

Michel nickt. „Man darf eben nicht übersehen, dass dabei fast überall mehr oder weniger verdeckter Klientelismus und Erpressung zum Einsatz kamen und gleichzeitig alle Manipulationsmöglichkeiten der Bürger genutzt wurden, indem ihnen unter Vorspiegelung vermeintlicher Vorteile eine Befürwortung der erbarmungslosen Globalisierung mit einer angeblich grenzenlosen Freiheit untergeschoben wurde. Leider erfolgreich, obwohl eigentlich jeder die Möglichkeit gehabt hätte, sich anhand der zuhauf vorliegenden Informationen selbst zumindest ein ungefähres Bild über die wachsenden Missstände in fast allen Bereichen zu machen. Aber sogar dann hätten viele nicht einschätzen können, welche Gefahren mit den weltweit angerichteten Schäden verbunden sind."

Zeus nimmt den Faden wieder auf: „Im zweiten Punkt sollte ein Bild über die Meinung der Bürger ermittelt werden — eine unserer Ansicht keineswegs unwichtige Angelegenheit in Demokratien. Angesichts der Bestrebungen der Mächtigen hatten diese dafür natürlich wenig Interesse, zumal die Bürger bei regional begrenzten Bürgerumfragen immer wieder mal Wünsche der Herrschenden zu Fall gebracht hatten.

Vorab wurden der breiten Öffentlichkeit die Ermittlungsergebnisse zu den Ursachen des Desasters in zahlreichen Veranstaltungen und den Medien dargelegt. Anschließend erfragten wir die aktuellen Meinungen der Menschen zur Politik — und zwar nicht nur in Deutschland, sondern auch in einer Reihe von anderen Ländern, auch außerhalb Europas. Damit wollte unser Gremium herausfinden, ob sich Einschätzungen und Reaktionen der Menschen zum Thema Politik international wesentlich unterscheiden. Erwartungsgemäß war das nicht der Fall. Vor dem Hintergrund des ohnehin seit langem abgewirtschafteten Ansehens der politischen Klasse explodierte geradezu der Zorn der Bürger über die Art und Weise politischen Handelns.

In den ärmeren Staaten beklagten sich die Menschen über die vernichtenden Auswirkungen des fortschreitenden Klimawandels, über Wassermangel, über Hunger, über die Stellvertreterkriege der Waffennationen, über die sklavenartige Arbeit, die sie für die reichen Länder verrichten müssen, über die Unternehmen, die sie enteignen, die Gewässer, Böden und Menschen vergiften, die wertvolle Wälder abholzen, fragwürdige Staudämme bauen und die Luft verschmutzen, über das Ersticken eigener Nahrungsmittelproduktion durch minderwertige Importe und abgepackte Industrienahrung, über geringere Arbeitschancen infolge importierter Arbeitnehmer, über ihre eigenen Politiker, die sich von verborgenen Akteuren bestechen lassen, damit diese sich dann den Reichtum der Meere, Immobilien, Ländereien, Ressourcen oder touristische Attraktionen zu Nutze machen können und über die Justiz, die immer nur Rechte der Reichen erkennt, Arme aber foltern und köpfen lässt.

In den wohlhabenderen Ländern konnten die Menschen nicht verstehen, warum die Politik zugelassen hat, dass gerade die Mittelschicht und die Arbeiterschaft weltweit zu den wirtschaftlichen Verlierern gemacht wurden, die überall zu den wichtigsten Trägern des bürgerlichen Wohlergehens zählen, dass das Geld ständig an Wert verlor, der u.a. etwa Strohhalm für die Existenz der weniger Bemittelten war, dass weniger das

Vermögen, sondern die Arbeitsleistung besteuert wurde, dass Bauwünschen in der freien Landschaft selbst in Schutzgebieten nachgegeben wurde, dass der Grundwasserverunreinigung kein Riegel vorgeschoben wurde, dass anstelle von Innovationen Weiterentwicklungen von veralteter Technik gefördert wurden, dass Bauwerke errichtet wurden, die keine Verwendung hatten, Flugplätze angelegt wurden, die niemand nutzte, Kleider gefertigt wurden, die keiner trug, Nahrung erzeugt wurde, die keiner aß und als erforderlich angepriesene Dienstleistungen entwickelt wurden, die niemand brauchte.

Nahezu überall wurden immer wieder die gleichen Fragen gestellt: warum wurde der Ausstoß von Klimagasen nicht begrenzt? Warum wurde Geld gedruckt wie Klopapier? Warum soll es Unnötiges und Schädliches zum Wachsen bringen, wie Alkohol den Leberkrebs? Warum wurde die Bereicherung der Profitgangster und ihre Steuerhinterziehung auf Kosten von Nationalstaaten und Millionen von Menschen auch noch gefördert? Warum vergrößert sich die Kluft zwischen arm und reich mit zunehmender Geschwindigkeit? Warum soll das Volk den überflüssigen Konsum und die Werbung dafür auch noch mit Steuerabgaben und Subventionen bezahlen? Warum hat die Politik immer wieder einflussreichen Partikularinteressen nachgegeben und damit die Bürgermehrheit vor den Kopf gestoßen? Warum hat sie nichts dagegen unternommen, dass Berge von Abfall, Medikamenten und giftigen Produkten Böden, Gewässer und Atemluft verdreckt haben? Warum hat sie zugelassen, dass die Freiheiten der Profiteure zu rauben und zu betrügen, zunehmen konnten und die der Bürger, ohne Bevormundung, Transferleistungen, Gesundheitsgefährdung oder Geldwertverluste ein befriedigendes Leben zu führen, immer mehr eingeschränkt wurden? Warum hat sie Migranten und Flüchtlinge als unberechtigte Nutznießer staatlicher Wohlfahrt stilisiert und sie damit zu Sündenböcken der durch sie verschuldeten weltpolitischen Verwerfungen werden lassen? Warum hat sie erlaubt, dass die elementarsten Interessen des Menschen dermaßen unter die Räder kamen? Warum war ihr nicht klar, dass selbstverständlich jeder seinen Wohlstand steigern will, allerdings ohne dafür mit seinem Leben oder mit Verwüstungen seines Lebensraums bezahlen zu müssen?"

Bevor Zeus bzw. Toni Luft holen konnte, um seinen Bericht fortzusetzen, ergriff Marie das Wort, die schon länger auf eine Gelegenheit dazu gewartet hat: „All das war natürlich damals schon klar, viele Menschen — nicht nur die von dem Desaster Betroffenen, sondern diejenigen, die sich bereits vor dem Unglück als ausgenutzt betrachteten — hatten das Gefühl, dass Mensch und Natur der Finanz- und Konzernwirtschaft zum Fraß vorgeworfen werden. Zwar ist jedes Problem für sich allein immer wieder mal thematisiert worden — nie aber wurden in einer Zusammenschau aufgezeigt, wie sehr sie alle miteinander verflochten sind und wie aussichtslos es ist, mit einzelnen kleinen Veränderungen das Gesamtproblem lösen zu wollen. Deswegen unterdrückte, verdrängte, korrumpierte und heuchelte der herrschende Mainstream, was das Zeug hielt. Lediglich einige Journalisten wagten zuweilen, einen Einblick in die fest gefügte Welt des politischen Filzes zu geben, oder Kabarettisten, die durch sorgfältige Feldforschung die unglaublichsten Tatsachen aufdeckten und zuspitzten und so manche verborgene Wahrheiten öffentlich machten. Aber alles verpuffte, ebenso wie die Warnungen der Wissenschaft oder tausender anderer kluger Köpfe."

„Die Nachdenklichen bezweifelten immer schon,“ meint Michel, „dass Verträge und Gesetze — zumal meistens ohne wirksamen Vollzug — eine interessengesteuerte Politik dazu veranlassen könnten, zum Wohle des Volkes zu handeln. Wenn darüber hinaus noch Währungen, Geldmengen und Zinsen durch private Finanziers, Banken oder durch Staaten ohne sachlich neutrale Grundlage maßgeblich beeinflusst werden, sind Gesetze ohnehin unwichtig — denn dann bestimmt das Jonglieren mit Geld die Politik und nicht umgekehrt. Aus diesen Gründen wären selbst mit Verstand und gutem Willen gesegnete Regierende kaum in der Lage gewesen, das Wohl ihres Volkes zu wahren oder gar seine Lebensumstände zu verbessern. Die Politik konnte damals also heilfroh sein, dass weder sie, noch Wirtschaft oder Justiz ihr Handeln einer Erfolgskontrolle unterziehen musste. Das Chaos war also geradezu zu erwarten .....“

„Manchmal konnte es damals wenigstens noch bei Teilaspekten vermieden werden,“ fällt Prometheus ein, „etwa wenn Bürgerproteste und Demonstrationen für die pflichtvergessenen Politiker so bedrohlich wurden, dass sie den Rückwärtsgang einlegen mussten — wenigstens vorübergehend. In der Regel aber liefen die Dinge gewaltig schief. Waffengewalt und Klimawandel bewirkten, dass damals mehr Menschen auf der Suche nach einer neuen Heimat waren, als in den historischen Zeiten der Völkerwanderungen und dass die Zahl der Flüchtlinge und Migranten ungebremst weiter wuchs. Dagegen konnten weder die Krokodilstränen bei Gedenk- und Trauerfeiern für die dabei Verunglückten noch die immer wieder gleichen und hilflosen Versprechungen der Politik etwas ausrichten.“

„Das Klimadesaster brachte dann das Fass zum Überlaufen,“ nahm Toni wieder das Wort, „damit wurde auch dem letzten Zweifler klar, dass die Welt eine Umkehr brauchte. Und wir in unserem Zentrum ‚ZEUS' sollten uns dafür eine Reform einfallen lassen, die langfristig der Menschheit eine lebenswerte Welt sichert — das war der dritte Teil unserer Aufgabe.

Prometheus hatte mich gebeten — vor allem für dich, Georg, aber auch für unsere jungen Hoffnungsträger — hier noch einmal kurz darzulegen, wie es zu der Politik mit dem Kompass gekommen ist. Bürgermeister Hinterbrandner hat euch ja bereits einen Einblick in die konkret erreichten Erfolge auf kommunaler Ebene gewährt.

Das Unglück war jedenfalls für die meisten Menschen ein schlagender und nicht wegzudiskutierender Beweis dafür, dass die globale Politik — und damit natürlich auch die bei uns in Deutschland — auf ganzer Linie versagt hat. Bereits die zahlreichen Unglücksfälle bei atomaren Reaktoren mit ihren verheerenden radioaktiven Verseuchungen hätten Anlass für höchste politische Wachsamkeit sein müssen, da sie die totale Hilflosigkeit des Menschen bei Gegenmaßnahmen jeglicher Art überdeutlich aufgezeigt hatten — und das mit weiteren unabsehbaren Folgen weit in die Zukunft hinein. Vor dem Risiko einer durch die Menschen verursachten Klimakatastrophe ist Jahrzehnte lang von einem weltweiten Netz kompetenter Wissenschaftler gewarnt worden, unzählige nicht übersehbare und bedrohliche Vorboten kündigten sie an, die Bedrohung war also in ganzer Breite bekannt! Jeder mag für sich selbst Risiken eingehen, wie er will, das ist seine persönliche Entscheidung. Die Politik jedoch mit ihrer Verantwortung für die Bürger, für ihr Land — ja für die Welt hat die Pflicht, erkennbaren Risiken aus dem Weg zu gehen oder entgegenzuwirken, zumal wenn sie lebensbedrohend sind und durch geeignetes Handeln vermieden werden können. Die Staatsgewalt ist dieser Pflicht nicht nachgekommen und hat damit das Grundprinzip der Demokratie, nämlich dem Wohle des Volkes zu dienen, nicht nur missachtet, sondern ins Gegenteil verkehrt — sie hat trotz Warnungen der kompetenten Fachwelt und somit sehenden Auges den Tod vieler Menschen in Kauf genommen und den Überlebenden nicht wieder gut zu machende Schäden zugefügt. Der gesamtwirtschaftliche Schaden warf die betroffenen Länder um Jahrzehnte zurück, es war wie nach einem Weltkrieg ungeahnten Ausmaßes …"

„... jeder Idiot hätte damals schon wissen müssen," ärgert sich Prometheus, „dass eine zunehmende Zahl von Menschen auf einem begrenzten Planeten eine miserable Zukunft vor sich hat — nein, überhaupt keine Zukunft hat, wenn die Welt immer mehr verräuchert, vergiftet, zubetoniert und verdreckt wird. Da ist es nicht verwunderlich, wenn Menschen aus Verzweiflung sich viel zu oft religiösen Heilsbringern zugewandt haben ...."

„... ja, aber wissen ist das eine, danach angemessen zu handeln, das andere," sagt Toni. „Die Politik sowohl in Deutschland wie in anderen Ländern der Welt hat ihr Handeln allen möglichen vermeintlichen Anforderungen unterworfen, sie berücksichtigte die Interessen der Wirtschaft, die Ansprüche der Globalisierung und die Vorgaben mächtiger Staaten. Das dadurch begründete ungerechtfertigte, ja unanständige Übermaß an Reichtum bei den Profiteuren führte dann aber zu einer nicht vertretbaren Abnahme des Wohls beim größten Teil der Menschheit sowie zu einer nachhaltigen Zerstörung des gemeinsamen Lebensraums, die dann das Klimadesaster zur Folge hatte.

ZEUS sollte nun einen Vorschlag für die Stabilisierung des politischen Gefüges machen, mit dem die beschriebenen Risiken weitestgehend ausgeschlossen werden können und den Menschen auch langfristig eine lebenswerte Welt gesichert werden kann. Da natürlich niemand die Zukunft kennt und alles einem ständigen Wandel unterworfen ist, macht es wenig Sinn, sich Pläne oder Prognosen für einen fernen Zielzustand zurechtzulegen. Hingegen ist alles zu tun, um auf die Zukunft vorbereitet zu sein. Zu diesem Zweck muss die Richtung für politische Entscheidungen vorgegeben werden. Sie hat zuverlässig wie mit einem Kompass den Weg in eine zwar unbekannte, aber in jedem Fall nachhaltige Zukunft zu weisen, von dem nicht abgewichen werden darf. Mit einer solchen Kompasspolitik ist die damalige Vormachtstellung des diktatorischen Marktes abzulösen.

Aus dem Erkenntnisschatz der Forscher und den Äußerungen der befragten Bürger ergibt sich, dass daher zukünftig dem Schutz des Lebensraums und der Erfüllung menschlicher Mindestbedürfnisse für ein gerechteres Miteinander absoluter Vorrang einzuräumen ist. Das bedeutet, dass Luftverunreinigungen, Landschaftsschädigungen, Bodenvergiftungen, Gewässerverschmutzungen und Ressourcenraubbau zu verringern sind sowie der Schutz des Menschen vor Gewalt, vor Not und Vertreibung, vor Ausgrenzung von fairer Arbeit und Wohlstand, vor Unrecht und vor Gesundheitsschäden verbessert werden muss.

Diese zehn Kompassgebote können von einzelnen Menschen allein nicht erreicht werden. Ihre Umsetzung ist somit Pflichtaufgabe der Politik und damit auch Basis jeden wirtschaftlichen Handelns innerhalb selbständiger Nationalstaaten. Unter Berücksichtigung der speziellen Gegebenheiten in den einzelnen Ländern sind sie mit Nachdruck und zügig zu verwirklichen. Ein einigermaßen befriedigender Zustand in jedem Land ist für alle Menschen von fundamentaler Bedeutung, unabhängig von jeder Epoche anzustreben und überall weltweit zu realisieren. Da diese Kernansprüche für menschliches Leben auf unserem Planeten nicht infrage zu stellen sind, war die Formulierung der Gebote der einfachere Teil unserer Arbeit.

Der schwierigere war, endlich zu erreichen, was damals vor dem Unglück weder in Deutschland, noch in irgend einem anderen Land der Welt gelungen ist, nämlich eine tatsächliche Verwirklichung wichtiger politischer Pflichten …"

„… weil sie den Interessen der Mächtigen diametral entgegenstand." greift Marie ein. „Deswegen förderte die kapitalgesteuerte Politik mit dem von ihr propagierten Wirtschaftswachstum weltweit eine Art von Tumor, der nun nach der Katastrophe entschieden zum Schrumpfen gebracht werden muss — sonst wäre der Patient Lebensraum Erde dem Tode geweiht und damit auch für unsere Nachkommen verloren. Klar, dass dies die besten Ärzte und eine hervorragende Klinik erfordert und die Behandlung dann auch nicht ewig Zeit in Anspruch nehmen darf."

„Es ist daher für euch sicher gut nachzuvollziehen," ergriff Zeus wieder das Wort, „wie schwierig die unserem Gremium gestellte Aufgabe war — zumal uns die frustrierte und gleichermaßen erwartungsvolle Öffentlichkeit geradezu gottgleiche Fähigkeiten zuordnete. Natürlich hatten wir aber nur sehr erdgebundene Möglichkeiten.

Aber das Klimaunglück hat uns das Wasser bis zum Hals gespült, da ist es keine Alternative, den Kopf hängen zu lassen — wir mussten also handeln bzw. uns einen wirksamen Vorschlag einfallen lassen. Die leidvollen Erfahrungen aus der Vergangenheit machten uns gleich zu Anfang klar, dass die Lösung dieser Aufgabe ohne tiefe Schnitte in das damals bestehende politische System so verlässlich wäre, wie das sichere Überqueren einer glucksenden Sumpflandschaft. Abhängigkeiten, Vorurteile, Neid, Ausreden, Machtversessenheit, Uneinigkeit, Gier, Bestechlichkeit, Versprechungen, Heucheleien, Verzögerungen, Schuldzuweisungen, Geltungssucht usw. usw. hätten schon Ansätze jeder Lösung vereitelt oder weit in eine ungewisse Zukunft verschoben.

Aus diesem Grund blieb unserer Meinung nach nur die Möglichkeit, den verkalkten Kokon, der die Metastasen des globalen Wachstumstumors schützt, von demjenigen auflösen zu lassen, der in Demokratien sowohl das Recht wie die Macht dazu hat — nämlich dem Volk. Allein das Volk mit seinen Bürgern und ihrem geballten Durchsetzungsvermögen ist in der Lage, sich den gewaltigen Kräften der Profiteure wirksam entgegen zu stellen und zu diesem Zweck die damals nach allen Richtungen verformbare und verführbare Demokratie einer aussichtsreichen Behandlung zu unterziehen. An erster Stelle muss dabei stehen, ihr gebrechliches Rückgrat in geeigneter Weise zu stärken ....“

Michel wandte sich an Sophie und Max „... ihr müsst euch die damalige Situation vor Augen halten: obwohl es nicht im Entferntesten an Technik, Erkenntnissen, Wissensaustausch oder unzähligen anderen Mitteln fehlte, unsere Welt pfleglich zu behandeln und allen Menschen ein auskömmliches Leben zuzugestehen, gab es überall Gewalttätigkeiten, Kriege und Misshandlungen unseres Planeten, der Lebensstandard des größten Teils der Menschheit war auf niedrigstem Niveau, dann das zerstörerische Klimadesaster, das Vertrauen der Bürger in die Politik gleich Null — und trotzdem sollten die enttäuschten Bürger nun ausgerechnet wieder auf die Politik bauen, die ihnen das alles zugemutet hat? Das konnte eigentlich nur schief gehen!"

„...... keine Frage, dieses Damoklesschwert hing tatsächlich über uns," fuhr Toni fort, „und es war an uns, diese Gefahr abzuwenden. Dies hatte unserer Meinung daher nur dann Aussicht auf Erfolg, wenn es gelingt, die für unser Erdenleben wichtigen Entscheidungen von Politik, Justiz und Wirtschaft nicht mehr diesen Organen und ihren eigenen willkürlichen Tageseinschätzungen allein zu überlassen, sondern an konkrete Bedingungen zu knüpfen, die allmählich eine Wiederherstellung der natürlichen Umwelt und der elementarsten Bürgeransprüche sicherstellen.

Wenn nun statt der bisher waltenden Institutionen die Bürger den falsch programmierten Steuerungsmechanismus des profitgeleiteten Megatankers so justieren sollen, dass die Menschheit eine Zukunft hat, muss zunächst der Kern des damaligen Systems auf ein neues stabiles Fundament gestellt werden. Dafür schien es uns unabdingbar, eine tatsächliche und eindeutige Teilung der Gewalten Gesetzgebung, Regierung und Justiz vorzunehmen sowie gleichzeitig dem Wahlvolk mehr Verantwortung, mehr Mitbestimmung und mehr Durchblick einzuräumen.

Obwohl den Bürgern weltweit ein untrügliches Gefühl für Anstand und Gerechtigkeit nicht abgesprochen werden sollte — wie aber sollen sie, von denen jeder einzelne in seiner eigenen, manchmal abgeschotteten oder eingebildeten Welt mit persönlichen Abgründen lebt und sich daraus sein Besserwissen zurechtzimmert, wie sollen diese vielen unterschiedlichen Menschen auf die Umsetzung der Kompassnormen eingeschworen werden können? Wie sollen sie in ihrer alltäglichen Unruhe und Geschäftigkeit dazu gebracht werden, die Kompassfestlegungen nicht als Einschränkung, sondern als Voraussetzung für ihre Freiheit zu begreifen? Wie sollen sie ihre persönlichen Einschätzungen bei Naturschutz, Gerechtigkeit, Arbeit oder Not harmonisieren, zumal, wenn sie in vielen Ländern mit unterschiedlichen Kulturen und Wohlstandsindikatoren beheimatet sind?

Betrachtet man den Verlauf der damaligen unseligen Entwicklung, so kam es ja deswegen zur Katastrophe, weil die Politik es entgegen ihrer Aufgabe überall zugelassen hat, dass immer mehr Profiteure zum eigenen Vorteil immer mehr Schäden zulasten von immer mehr Menschen anrichten durften. Die Katastrophe hätte es nicht gegeben, wenn im Gegensatz dazu die verursachten Schäden verhindert und das Wohl von immer mehr Menschen gemehrt worden wäre. Wenn diese Alternative nun wenigstens nach dem erlittenen Unheil konsequent und zügig zum Tragen kommen und dabei jeder Nationalstaat seinen Bürgern die dabei erreichten Verbesserungen aufzeigen würde, sollte eine solche Politik eigentlich auch von der so stark in Mitleidenschaft gezogenen Bevölkerung befürwortet werden — so war unsere Überlegung.

Könnten die Bürger dazu gebracht werden, diesen Vorschlag aufzugreifen, hätten sie als der Souverän in einer Demokratie also zunächst die Aufgabe, geeignete Persönlichkeiten zu finden, die die Kompassgrundsätze umsetzen wollen. Damit diese gar nicht erst auf die Idee kommen, wie früher egoistischen Ansichten oder fragwürdigen Einflüsterungen nachzugeben und trotzdem die Illusion zu vermitteln, sie würden sich um das Wohl der Menschen bemühen, sollte ihnen von Anfang an die strikte Verantwortung auferlegt werden, den Bürgern gegenüber die Fortschritte bei der Erledigung ihrer Pflichtaufgaben nachzuweisen — denn Rückschritte wären so selbstmörderisch wie undemokratisch. Darüber hinaus sollten die Wähler landesweite Bürgerentscheide auf den Weg bringen dürfen, um zusätzlich Einfluss auf eine Politik in ihrem Sinne ausüben zu können. Werden spätestens nach Ablauf der Legislaturperiode keine Erfolge aufgezeigt, sollen die Bürger nicht nur das Recht, sondern die Pflicht haben, ihre Regierung rigoros abzusetzen ...“

„... um es bildlich auszudrücken,“ fuhr Prometheus mit erregter Stimme dazwischen, „die Bürger sollten ihren gewählten Politikern endlich mal in den Arsch treten können, sobald sie auf Abwege geraten und sich durch Lobbyisten dermaßen besoffen machen lassen, dass sie in ihrem Rausch die ihnen auferlegten Pflichten überhaupt nicht mehr erkennen können ...“

„... soll diese Idee tatsächlich wie beabsichtigt funktionieren,“ übernimmt wieder Toni, „ist das bei Politikern besonders ausgeprägte Eigenlob, alles immer richtig gemacht zu haben, unter allen Umständen entbehrlich zu machen. Das gelingt ausschließlich mit einem objektiven Blick auf die jeweils vorliegenden tatsächlichen Zustände. Dazu hatten wir das Kompassdateninstitut ins Gespräch gebracht, das über nationale Grenzen hinweg die Daten erhebt, mit denen die Entwicklung bei der Umsetzung der Kompassgrundsätze und der Bürgerentscheide aufgezeigt werden kann. In den jährlich erscheinenden Kompassberichten kann dann die Öffentlichkeit erkennen, ob Fortschritte erzielt worden sind ...“

„... darin kann der Bürger dann z.B. lesen," ergänzt Michel, „ob in der Realität die Luftverschmutzung geringer geworden ist, die Flächen mit Versiegelung abgenommen haben, die bewaldeten Flächen umfangreicher geworden sind, sich der Feinstaub in den Städten vermindert hat, die Verseuchungen von Böden und Gewässern reduziert werden konnten, die Verteilung von Geld und Vermögen angeglichener und die Arbeitswelt fairer geworden ist, die Gewaltopfer, die Notleidenden und die durch Umwelt- und Nahrungsgifte Geschädigten und Toten weniger geworden sind usw. usw. — also alles mit Zahlen leicht darzulegende Angaben. Bis auf dich, Georg, kennen diese Berichte die hier Anwesenden schon lange ..."

Zeus nimmt den Faden wieder auf: „Damit das Dateninstitut seine Arbeit frei von Manipulationen aller Art ausüben kann, ist es in die Obhut eines international arbeitenden Kompassgerichtshofs gestellt worden. Seine Richter unterstehen nicht mehr den Justizministern, sondern können selbständig die Fähigsten innerhalb ihrer Organisation befördern und endlich unabhängig arbeiten. Damit eignet sich dieses Gericht auch für vielfältige Überwachungsaufgaben, die frei von politischem Einwirken gehalten werden müssen, etwa für eine Überwachung von Schutzgebieten, Nahrungsmitteln, Medikamenten oder Pflegeheimen. Schließlich soll nicht unerwähnt bleiben, dass wir auch einen Bedeutungszuwachs der freien Presse unter der Obhut dieses Gerichtshofs empfohlen haben, um deren Möglichkeiten zu stärken, Ungereimtheiten, Regelverstöße oder Verletzungen einigermaßen unbehelligt aufdecken zu können. Ergänzend haben wir öffentlich bestellte Schlichter vorgeschlagen, die analog den regionalen Verbraucherzentralen den Bürgern Beistand bei Sorgen aller Art anbieten. Ihre Kompetenz ist soweit gefasst, dass sie auch gerichtliche Urteile hinterfragen lassen dürfen, damit bei Aufdeckung von Rechtsfehlern nachlässige Richter persönlich in Haftung genommen werden können.

Somit waren durch die Kompassnormen die Mindestaufgaben der Politik für jedes Land der Welt umschrieben, nämlich für alle sichtbar unseren Planeten intakt zu halten und das elementare Wohl der Bürger zu verbessern. Da die Bürger ihre Regierungspolitiker für die Fortschritte bei der Erfüllung ihrer Pflichten persönlich haften lassen, da der Kompassgerichtshof mit Dateninstitut, freier Presse und Schlichter die Umsetzung der Bürgeransprüche überwacht und da deswegen ganz nebenbei schädliche Lobbyeinflüsse und Korruption entschieden eingedämmt werden können, hielten wir diesen Vorschlag für geeignet, die zukünftig doch recht gewaltige Herausforderung beim verantwortlichen politischen Handeln zum Nutzen aller zu bewältigen."

Prometheus nickt mit spitzbübischem Gesichtsausdruck. „Da hat Zeus — im Gegensatz zu seinen vielen zwar phantasievollen, aber fragwürdigen erotischen Abenteuern in der griechischen Sagenwelt — tatsächlich mal eine göttliche Leistung vollbracht, eine Leistung, die über den Tag hinaus wirkt und für die ihm die Menschen dankbar sein können! Es war also nun den Bürgern überlassen, ihr Schicksal selbst in die Hand zu nehmen. In ihrer Verantwortung lag es nun, die in jedem von ihnen steckenden, manchmal skurrilen persönlichen Weltbilder in die zweite Reihe zu stellen und sich stattdessen von Fakten überzeugen zu lassen — von Fakten, die letztlich ihr Überleben nachhaltig sicherstellen. Und es war ihre Aufgabe, in ihrer Mitte Persönlichkeiten finden, die sich die Kompassphilosophie zu eigen machen und sich zutrauen, sie politisch durchzusetzen. Dass damit nicht nur die Bürger bei uns in Deutschland, sondern in allen Staaten angesprochen waren, war von Anfang an ohne Frage. Schließlich entwickelt die Kompassidee erst dann ihre beabsichtigte Wirkung, wenn sie sich global entfalten kann.“

Georg hatte sich bisher nicht eingeschaltet und schweigend zugehört. Nun musste er sich aber doch äußern: „Ich muss ehrlich zugeben: ich bin baff! Offenbar ist so eine Art Stein der Weisen für die große und auch kleine Politik gefunden worden, worum wir uns damals vergeblich bemüht haben. Auch was Bürgermeister Hinterbrandner berichtet hat, deckt sich fast hundertprozentig mit meinen damaligen kühnsten Träumen. Und ganz offensichtlich — wenn ich allein an meinen Klinikaufenthalt denke — kommt die neue Politik mit den geänderten Vorzeichen gut zurecht.

Im Grunde genommen war es zu keiner Zeit eine Frage, welche Grundansprüche ein Mensch — gleich wo er auf unserem Erdball lebt — normalerweise mindestens an sein Leben hat. Ähnlich einem Tier, das bei seiner Suche nach Geborgenheit und Futter nicht gefressen werden möchte, will der Mensch vor Mord und Totschlag sicher sein, seinen Hunger und Durst ohne vergiftete Köder stillen und selbst frei darüber entscheiden können, ob er für ein gutes Leben mehr oder weniger tut. Über eine mörderische Zerstörung des Planeten musste er sich über Millionen von Jahren keine Gedanken machen. Also hat er dies eben auch damals nicht getan. Alle Warnungen und Vorboten verdrängte er — so ist er nun mal, der gemeine Mensch. Daran, dass eine wachsende Weltbevölkerung mit ihren Ansprüchen immer schwieriger mit einem schwindenden Lebensraum zurechtkommen kann, dachte er nicht. Erst nach der Katastrophe dämmerte es ihm, dass er sogar seine minimalsten Grundansprüche in den Wind schreiben kann, wenn er es nicht schafft, seine Welt zu erhalten und zu pflegen.

Was mir noch nicht klar ist, betrifft die Beziehungen mit den Nationalstaaten, die noch nicht die Kompassidee übernommen haben. Welche Praxis hat sich hier durchgesetzt?"

Zeus nickte. „Das war von Anfang an eine besondere Herausforderung. Damals hatten starke Staaten mit ihren mächtigen Notenbanken und Multikonzernen die Nase bei wirtschaftlichen Tätigkeiten ganz vorn, schwache und ohnmächtige aber konnten strampeln wie sie wollten — sie kamen nie auf einen grünen Zweig. Den manchmal noch aufflackernden Protest ihrer Politiker ließen die Einflussmöglichkeiten der internationalen Geldmacht zusammenfallen wie ein Soufflé beim vorzeitigen Öffnen des Backofens. Die Abhängigkeit der Regierungen von den tatsächlich Mächtigen, die Furcht vor eventuellen Vorteilen anderer Staaten, die zu erwartende Kritik der eigenen Wirtschaft und die auf ihr eigenes Wohlergehen bedachten Bürger machten den stärksten politischen Präsidenten zum Bettvorleger im Tigerfell. Diese Schwäche aber wurde überall auf der Welt verborgen gehalten, in der Öffentlichkeit verhielten sich die Vertreter der hohen Politik wie die drei Affen, die weder sehen, hören, noch sprechen und lobten bei jeder Gelegenheit brav die unglaublichen Vorteile der Demokratie ..."

Hier unterbrach Prometheus und wandte sich an Sophie und Max. „Ihr müsst wissen, dass es damals eine Reihe von Staaten gab, die sich zwar damit brüsteten, Demokratien zu sein, aber gleichzeitig keine Probleme damit hatten, demokratische Grundansprüche in die Tonne zu treten. Ihre Regierungen zettelten etwa zum Wohle ihrer wirtschaftlicher Interessen und der Waffenindustrie Kriege an, verweigerten bestimmten Menschengruppen den Zugang zu knappem Trinkwasser, das sie selbst im Überfluss nutzten, ließen entgegen aller rechtlichen Vorgaben Menschen durch Drohnen töten, hielten ihre Hand schützend über verantwortungsfreie Finanzgeschäfte und Steueroasen, unterdrückten mit ihrer religiösen Mehrheit Minderheiten mit anderen Konfessionen, praktizierten Folter und Todesstrafe, zerstörten durch großflächige Abholzungen und Bodenverseuchungen für Generationen die natürlichen Lebensgrundlagen, beuteten begehrte Bodenschätze in armen und korrupten Ländern aus, duldeten mafiöse und betrügerische Organisationen oder ließen mit Hilfe finanzkräftiger Investoren hilflose Menschen von ihrem Grund und Boden vertreiben. Zur Steigerung ihres eigenen Wohlstands zerstörten sie damit das Wohl anderer. Handel und Geschäfte mit solchen pseudodemokratischen Räuberbanden hätten diese weiterhin in ihrem Tun bestärkt und damit alle Ansätze einer globalen Kompasspolitik zunichte gemacht — sie mussten also beendet werden."

Nach ihrem kürzlichen Erlebnis im Kompasshof kamen Sophie und Max die Ausführungen von Prometheus bekannt vor.

„Zumindest vorübergehend gibt es dazu — auch heute noch — keine Alternative. Ansonsten würden sich ja die Kompassstaaten die Probleme und Risiken aufhalsen lassen, die andere Staaten aus egoistischen Motiven nicht lösen wollen, und damit sich selbst und ihre Zukunft gefährden", setzt Zeus fort. „Dagegen nutzten die Kompassstaaten aber alle Mittel, um die Menschen in den kritischen Ländern dazu zu bringen, sich mit der Kompassidee anzufreunden und dafür geeignetes Regierungspersonal ins Amt zu bringen. Die Chancen dafür wären gleich Null gewesen, hätte es Länder gegeben, in denen die Bürger mit ihren Staatenlenkern zufrieden gewesen wären. Aufgrund der weit verbreiteten berechtigten Kritik der Menschen an ihren Politikern aber und der Aussicht, mit der Kompassdemokratie eine neu gewählte Staatsführung für den Erfolg ihrer Arbeit haften lassen zu können, waren diese Anstrengungen bisher durchaus erfolgreich. Und die größere Zufriedenheit der Menschen innerhalb der Kompassstaaten trug auch erkennbar dazu bei, dass das frühere Säbelrasseln verstummte — kriegerische Auseinandersetzungen zumindest zwischen Ländern mit Kompasspolitik sind kaum noch vorstellbar."

Die Sonne brannte auf die Schirme, die Luft stand, die Hitze war kaum noch zu ertragen. Toni stand auf: „Ich darf mich entschuldigen, als der Tageswärme entwöhnt ist es einfach zu heiß für mich! Da bevorzuge ich eindeutig die Kühle meiner Höhlengänge". Er verabschiedete sich kurz und eilte davon.

Toni gehörte zu den Menschen, die sich in ihrer angestammten Heimat am wohlsten fühlten. Obwohl er natürlich woanders studiert hat, längere Zeit im Ausland gelebt und gearbeitet hat und von Berufs wegen immer wieder Reisen in ferne Länder macht — seinen Lebensmittelpunkt sieht er hier im Berchtesgadener Land. So gerne er die Hochhäuser in New York, die Chinesen in Asien oder die Kunst der Architekten in Spanien besucht, so wenig leuchtet ihm ein, all dies auch in seiner Heimat haben zu müssen. Wenn bei kommunalpolitischen Erörterungen manchmal eine unerwartete Offenheit für Veränderungen demonstriert wird, die für die Heimat allzu unverträglich sind, musste er sich als vehementer Kritiker solcher Scheinreformen schon als kleinkarierten Provinzler, Rassisten oder

Kulturbanausen beschimpfen lassen. Trotzdem weicht er von seiner Haltung nicht ab, weil zum einen die selbsternannten Weltversteher oft nur intransparente Geschäfte zum eigenen Vorteil machen wollen, aber zum anderen vor allem, weil er gerade in der kulturellen Verschiedenartigkeit der Welt einen unschätzbaren Wert sieht, den er sich in seiner Heimat zwar befruchten, aber keinesfalls verwässern oder beschädigen lassen will. Dass er mit dieser Ansicht die überwiegende Mehrheit seiner Landsleute hinter sich hat, wird ihm immer wieder bestätigt.

Prometheus schaute auf die Uhr. „Ich denke, wir sind auch durch für heute. Morgen wird uns die Presse in ihrem Verlagshaus berichten, wie das Ergebnis unters Volk gebracht wurde und wie es die beabsichtigte Wirkung bei der nächsten Wahl erzielte."

8 Zeitungsredaktion
Bürger wählen den Wandel zur Kompasspolitik

Michel liebt Zeitungen. Als er noch jung war und von den ersten großen Herausforderungen des Lebens stark getrieben, waren sie so etwas wie das täglich Brot. Es ging ihm etwas ab, wenn er wegen seiner Aktivitäten nicht zum Lesen kam.

Natürlich sind ihm auch die Nachteile der immer neugierigen, aber oft in finanziellen Schwierigkeiten steckenden Blätter bewusst. In den Jahren vor der großen Katastrophe gaben viele Zeitungen bestimmten Lesererwartungen übergebührlich nach. Viele schufen sich in ihrem Frust ihre eigenen Idole: ein geöltes Politikergesicht, einen Eisbären, eine gütige Unternehmerin, einen durch speziellen Lebenswandel auffallenden Sportler oder einen Kraken, dem Wahrsagefähigkeiten angedichtet wurden. Sie stellten die Popanze dar, auf die je nach persönlicher Veranlagung draufgeschlagen oder aufgeschaut werden konnte. Über sie musste die Presse berichten, da konnten gute Journalisten mit ihrem Willen zu Informationen über Ungerechtigkeiten, Filz oder Korruption noch so laut murren. Die Blätter sahen sich dem Untergang geweiht, wenn sie die Opferfeste nicht mitmachten und nur wenige waren stark oder souverän genug, diesem Trend zu widerstehen.

Das Verlagshaus befindet sich da, wo es hingehört, nämlich mitten in der Münchner Altstadt, einen Steinwurf vom Rathaus entfernt, im Zentrum von täglichen Begegnungen zahlloser Zeitgenossen, Bürgern, Touristen, Geschäftsinhabern, Wirtschaftsvertretern, Viktualienmarktbesuchern, Politikern, Künstlern und sonstigen Weltveränderern. Über viele Jahre war es an den trostlosen Stadtrand verbannt. Trotz der Jahrhunderttradition seines Standorts in der Münchner Altstadt erlagen die Zeitungsherausgeber dem Wunsch, ihre schmalen Vermögensverhältnisse etwas aufzubessern. Sie verhökerten die Immobilie mit ansehnlichen Gewinnen an Investoren, die ein Herz für die Sehnsucht von Oligarchen nach Opernwohnungen hatten und keine Gewissensbisse dabei empfanden, die Oase des Wissens und der Kultur einer Wüste des Klamottenkonsums gleichzumachen. Der Politikwandel jedoch ermöglichte auch hier eine erfreuliche Veränderung — das Zeitungswesen konnte wieder in die Citylage zurückverlegt werden.

Die Gruppe trifft sich in der schick gestalteten Empfangshalle und nimmt den Fahrstuhl nach oben. Das kleine Konferenzzimmer ermöglicht einen herrlichen Ausblick auf die von Hochhäusern freigehaltene Dachlandschaft der Münchner Altstadt, den weißblauen Himmel und die in den kleinen Gassen und Plätzen dahineilenden Menschen. Viel Zeit bleibt ihnen nicht, diese Eindrücke zu vertiefen, der mit ihnen verabredete Redakteur Irlinger kommt kurz nach ihnen in den Raum und heißt sie herzlich willkommen.

„Schön, dass Sie den Weg auch zu uns gefunden haben, als neugieriger Journalist weiß ich natürlich bereits, was Sie mit wem bisher schon alles besprochen haben.

Bitte nehmen Sie doch Platz und bedienen Sie sich der Getränke, die uns die sparsame Geschäftsführung unserer Not leidenden Agentur gerade noch spendieren wollte.“

„Ja, vielen Dank,“ beginnt Prometheus als der Älteste, „wie am Telefon besprochen, liegt unser Interesse darin, von Ihnen eine kurze Zusammenfassung über die bewegten Ereignisse in den Jahren nach der Klimakatastrophe zu bekommen — in erster Linie für unseren verehrten Aktivisten Georg, der nach seinem Unfall während des Desasters bis vor kurzem im Koma lag, und dann auch für Sophie und Max, die sich als junge Politikanwärter zwar manches angelesen, aber dann doch oft vieles von den bisherigen Hergängen nicht bildhaft genug mitbekommen haben. Gestern hatten wir den Bericht von ZEUS gehört, daran können wir anknüpfen."

„Weiß ich, Toni hatte mich danach angerufen," übernimmt Irlinger. „Ja, nachdem ZEUS von einigen engagierten Bürgern und unermüdlichen Aktivisten ins Leben gerufen war, ging dies natürlich mit einer lauten medialen Begleitmusik vonstatten, jeder sollte schließlich davon informiert werden, was nun nach der Katastrophe unternommen wird und alle hatten eine Riesenerwartungshaltung. Als nun das Ergebnis auf dem Tisch lag, leiteten es die Auftraggeber aus der Bürgerschaft wiederum an die Medien — wobei nur die anerkannt seriösen bedacht wurden — und gemeinsam wurde dann beraten, in welcher Weise es am geschicktesten der erwartungsvollen Öffentlichkeit präsentiert werden sollte. Jetzt kann ich es ja sagen — es war unvorstellbar, mit welchen Mitteln bestimmte Kreise, etwa einzelne Politiker, bedeutende Wirtschaftsvertreter oder andere einen Einblick in das Werk bereits vor seiner Veröffentlichung forderten. Ja, Sie haben richtig gehört, forderten! Das zeigt die damals übliche Praxis, die zum Ergebnis hatte, dass — wenn überhaupt — nur ‚geglättete' und damit systemkonforme Aussagen publik gemacht wurden.

Das mussten wir natürlich von Anfang an verhindern — erst recht spätestens dann, nachdem wir uns mit dem Ergebnis vertraut gemacht haben. Hätten die damaligen Machthaber noch etwas zu sagen gehabt — niemals wäre es unter die Leute gekommen! Auch bei uns im Verlag gab es gefügige Bremser, allerdings waren sie uns bekannt und konnten außen vor gehalten werden.

Die Situation damals nach dem Knall infolge des Desasters ließ eigentlich nur eine Art der Veröffentlichung zu, nämlich eine mit dem Paukenschlag. Die Enthüllung und Beschreibung des ZEUS Ergebnisses erfolgte also nach langer Vorankündigung am 1. Mai im Münchner Olympiastadion. Gleichzeitig wurden durch befreundete Aktivisten auch in Nachbarländern Kundgebungen organisiert. Wie bei großen Sportereignissen auch, wurden sie live in alle Wohnzimmer übertragen und im Anschluss daran entsprechend kommentiert und erörtert. Noch nie war einem Ereignis größere Aufmerksamkeit zuteil geworden.

Bei allen Darlegungen war die Information darüber, was zukünftig anders laufen muss und wie das erreicht werden kann, die eine Sache. Die andere war der Hinweis auf das schlichte Faktum, dass der Feind in jedem von uns selbst lauert. Unsere eigene Unersättlichkeit hat vielen von uns den Tod gebracht. Wollen wir ihm zukünftig entgehen, müssen wir uns also auch selbst in Schach halten wollen. Genau dafür ist die neue Politik gedacht: wenn der Bürger sie wählt, wählt er ganz bewusst nicht nur die Beseitigung der angerichteten Schäden und den zukünftigen Verzicht auf überflüssige Zerstörungen. Er entscheidet sich gleichzeitig ganz bewusst für Einschnitte in seine ganz persönliche Welt der Wünsche und für eine Annäherung — d.h. keine Gleichschaltung — des Wohlstands aller Menschen, sowohl in Deutschland wie in anderen Ländern. Allein damit können wir Menschen uns weltweit eine lebenswerte Zukunft schaffen."

Bevor Irlinger Luft holen konnte, nahm sich Prometheus das Wort. „Im Grunde hat das damalige System der Demokratien immer schon erhebliche Mängel gehabt, sonst hätte es weder das Dritte Reich gegeben, noch korrupte Diktatoren, noch die ständigen kriegerischen Auseinandersetzungen und Terroranschläge, noch die zahlreichen Stürme und Überschwemmungen, noch die Diktatur der Märkte und des Geldes. Fehlentwicklungen dieser Art sollte ein demokratisches System aber von vorne herein möglichst ausschließen. Die damals herrschende und superbequeme Ansicht, dass irgendjemand seine Interessen schon zurückstellen würde, weil er einsieht, dass sie das Gemeinwohl schädigen, war schlicht ein Witz.“

Irlinger fuhr fort: „Hier an die Pinnwand habe ich einmal einige Zeitungsausschnitte aus der Zeit damals geheftet, die einen guten Einblick in die Geschehnisse geben. Vorausschicken will ich zunächst, dass es für niemanden einen Zweifel daran geben konnte, dass die Kernaussage von ZEUS unangreifbar war: die Menschen waren selbst schuld am Unglück, sie müssen nun die angerichteten Schäden beseitigen und dürfen für weitere keinen Anlass mehr bieten. Selbst wenn die Katastrophe nicht eingetreten wäre, hätte an dieser Zukunftsaufgabe kein Weg vorbeigeführt, da für unser Überleben die Ressourcen dieser endlichen Welt sorgsam behandelt werden müssen. Und für die Umsetzung dieser Aufgabe kommen mangels Alternative einzig und allein die Nationalstaaten infrage, weil nur sie über das dafür nötige Instrumentarium verfügen. Nur mit Einsatz und Unterstützung ihrer Bürger kann es gelingen, allmählich die Zahl der Kompassstaaten zu vergrößern.

Leider reicht die Zeit heute nicht aus, sich das Video über die Kundgebung in voller Länge anzusehen. Um unserem Komapatienten und den beiden jungen Politikaspiranten aber einen kleinen Eindruck zu vermitteln, werde ich wenigstens einen Teil aus der Aufzeichnung zeigen."

Irlinger lässt die Jalousien an den Fenstern etwas herab und betätigt den Vorführapparat. „Übrigens hatte man sich in der Vorbereitungsphase der Veranstaltung dafür entschieden, nicht einen Vertreter des ZEUS - Gremiums sprechen zu lassen, sondern einen gestandenen Schauspieler. Der Vortrag musste überzeugen und die Person sollte darin geübt sein, Menschen zu begeistern sowie eine Medienwirkung zu entfalten, die der Bedeutung der Kundgebung angemessen war."

Zunächst fliegt das Kameraauge über das in der Welt einmalige Kunstwerk einer eleganten, filigranen Sportarchitektur mit ihren stahlseilverspannten transparenten Zeltdächern. Die Gebäude sind eingebettet und eingewachsen in einem mit viel Sorgfalt gestalteten lebendigen Landschaftspark. Bäume und Sträucher tragen frisches Frühlingsgrün, auf den zahlreichen Wegen sind Spaziergänger und Radfahrer unterwegs, Kinder und Hunde spielen ausgelassen und freuen sich erkennbar über diesem Tag. Es ist vormittags 11 Uhr, das Olympiastadion ist bis auf den letzten Platz besetzt, eine Bühne ist aufgebaut, Scheinwerfer, Kameras sind postiert, aus den Lautsprechern klingt die Ouvertüre von Beethovens Fidelio. Die Kamera zeigt in Großaufnahme das Rednerpult. Die Musik wird leiser und verstummt, der Sprecher beginnt:

„Bürgerinnen und Bürger hier in München!

Wir alle sind von einer furchtbaren Katastrophe heimgesucht worden. Viele unserer Mitmenschen haben sie nicht überlebt, viele sind von schweren Verletzungen betroffen, viele haben Hab und Gut verloren. Noch heute ist den meisten nicht klar, wie sie mit ihrem Leid zurechtkommen sollen. Und niemand hat wohl eine Vorstellung davon, wie es zukünftig für uns alle weitergehen kann — weder hier bei uns in München, noch in Deutschland oder in anderen Ländern unserer Welt.

Dass ich heute nicht mit Lösungen für persönliche Schicksale aufwarten kann, ist wohl jedem verständlich. Ich möchte Ihnen aber einen Vorschlag dafür unterbreiten, was wir alle gemeinsam tun sollten, wenn wir nicht nur hier in Deutschland, sondern in allen Ländern auf unserem Planeten eine Zukunft haben wollen. Ich werde daher heute versuchen, als Befürworter Ihrer Interessen zu sprechen und hoffe, dass mich dabei Ihr Wohlwollen begleitet.

Sie haben sicher in den Medien mitverfolgt, dass nicht lange nach dem Desaster — das uns allen so übel mitgespielt hat — eine Reihe von engagierten Bürgern und Aktivisten die Initiative ergriffen hat, mit Hilfe eines hochkarätigen Gremiums aus unabhängigen Persönlichkeiten — genannt ZEUS — einen solchen Vorschlag zu entwickeln. Grundlage dieser Arbeit waren Auswertungen vorliegender Erhebungen und Bürgerbefragungen, die veröffentlicht wurden und Ihnen damit sicher auch bekannt sind.

Es kann wohl niemanden in besonderes Erstaunen versetzen, dass der unvorstellbaren Wucht und Gewalt der Katastrophe eine Antwort von uns Menschen entgegengesetzt werden muss, die in ähnlich kraftvoller Wirksamkeit Vergleichbares in Zukunft möglichst verhindert. Die damalige erbärmliche Hilflosigkeit von uns allen — von Politik, Feuerwehr, Polizei, Technischen Hilfswerken, Bundeswehr und uns Bürgern — gegenüber den rasenden Naturgewalten hat gezeigt, wie abgrundtief untauglich unsere Möglichkeiten sind, dem etwas entgegenzusetzen. Es bleibt uns deswegen nichts anderes übrig, als in uns zu gehen und die Art und Weise, mit uns und unserem Planeten umzugehen, auf den Prüfstand zu stellen. Dazu müssen wir uns zukünftig von den Scheuklappen beim Blick auf unseren materiellen Wohlstand befreien. Die weltweit angestachelte Turboproduktion hat das Fass zum Überlaufen gebracht. Dass ein Luftballon platzt, wenn man ihn zu stark aufbläst, war den Wirtschafts- und Finanzgurus offenbar nicht bekannt. Aber in einer endlichen Welt mit begrenzten Ressourcen und einer wachsenden Weltbevölkerung müssen wir Abschied nehmen von einem undifferenzierten materiellen Wachstum der Wirtschaft, das über die Ländergrenzen hinweg an den Grundbedürfnissen der meisten Menschen vorbei nur mit überflüssigen Waren, mit Ausbeutung von Beschäftigten und Schäden an der Natur erreicht werden kann.

Trotzdem kann in jedem Land der allgemeine Nutzen steigen, aber das muss zuwege gebracht werden, ohne Menschen oder andere Länder über die Maßen zu belasten. Wenn wir überleben wollen — und das weitgehend ohne gewalttätige Auseinandersetzungen — müssen wir zuverlässig Schäden an der Schöpfung minimieren, Grundansprüche des Menschen erfüllen und ein darauf abgestelltes verantwortliches Wirtschaften praktizieren. Aktivitäten mit problematischen Folgen, die wir ungelöst auf unsere Nachkommen übertragen, sind auszuschließen — nicht nur bei uns, sondern überall. Wir müssen also weg von der bisherigen Politik, die auch uns fast das Leben gekostet hätte und hin zu einer anderen, die uns allen nachhaltig nutzt. Dazu brauchen wir einen Staat, der das Gemeinwohl nicht dem Ausverkauf preisgibt, sondern die zur Sicherung unserer Freiheit notwendigen Regeln mit Klauen und Zähnen verteidigt. Er muss den Mächtigen Paroli bieten können, damit er seinen Arm den Ohnmächtigen reichen kann.

Dabei beanspruchen wir keine Geschenke und wir geben uns auch nicht mit einem Gnadenbrot zufrieden. Wir verlangen das, was uns zusteht. Die Politik muss wie ein solides Handwerk betrieben werden, das mit dem Einsatz von Verstand, von Herz und von Kompetenz ein gutes Ergebnis verspricht. Angesichts unserer globalen Herausforderungen ist dazu Umsicht und Augenmaß in hoher Perfektion erforderlich. Deswegen sind Politiker mit der Einstellung ‚der brave Mann denkt an sich selbst — und seine Partei — zuerst‘ und damit das Schiller - Zitat ins Gegenteil verkehren, unbrauchbar. Stattdessen brauchen wir die qualifiziertesten und klügsten Köpfe, die uneigennützig arbeiten. Die Welt muss von den Anständigen, den Aufrechten, den Unbestechlichen regiert werden, von denen, die in der Lage sind, Verführungen jeglicher Art zu widerstehen und die von sich aus rechtzeitig entschieden handeln, ohne zur Jagd getragen werden zu müssen. Alle anderen haben auf der Kommandobrücke der Politik nichts zu suchen.

Politik ist keine Religion! Wir alle mögen zwar hoffen, in den Himmel zu kommen, aber wir sollten nicht hoffen müssen, dass eine faire Politik betrieben wird — wir müssen dies sicherstellen! Im Gegensatz zu Wirtschaft und Politik, die wegen der Aktionäre oder der Wahlen nur die nahe Zukunft im Kopf haben, denken wir an unsere Kinder und Kindeskinder sowie an das, was Heimat ausmacht und damit lange Zeiträume voraus.

Wir können daher das Schicksal unserer Nachwelt nicht denjenigen überlassen, die auf kurzfristige eigene Vorteile aus sind. Wir müssen uns selbst um die Zukunft kümmern und dafür die Richtung vorgeben. Deswegen ist es höchste Zeit, daran zu erinnern, wer Herr ist, und wer Diener. In einer Demokratie sitzen weder Wirtschaftsunternehmen noch Finanzoligarchen auf dem Thron, sondern wir Bürger, die zur Wahrung unserer Belange Abgeordnete entsenden. Nachdem das Unglück gezeigt hat, wie verächtlich unsere Diener mit unserem Anliegen umgesprungen sind, gilt es für uns Überlebende, andere Saiten aufzuziehen. Die Hoffnung auf eine einsichtige und freiwillige politische Wende kann getrost als aussichtslos abgetan werden — nur der Baron von Münchhausen konnte sich an seinen eigenen Haaren aus dem todbringendem Sumpf ziehen.

Wir könnten tausendmal auf die verfehlte Politik hinweisen, ohne dass etwas passiert. Wir könnten protestieren, demonstrieren, wir könnten philosophieren, wir könnten wissenschaftliche Begründungen liefern, Verstöße gegen ethische Grundsätze kritisieren, wir könnten auf die Einhaltung von Gesetzen und Verträgen dringen, wir könnten fordern, spotten, trauern und wehklagen — wir würden damit den riesigen Tanker, der von Profitgier und Macht gesteuert wird, nicht von seinem Kurs abbringen.

Bürgerinnen und Bürger!

Es gibt keinen Zweifel, dass es nicht so weitergehen kann wie bisher. Wir alle wissen, dass wir über unsere Verhältnisse gelebt haben. Das muss abgestellt werden! Und dies muss jetzt geschehen. Wir sollten nichts überstürzen, aber wir müssen einen pragmatischen Weg finden, der konsequent und von uns allen gemeinsam begangen werden kann und uns sicher in die Zukunft führt.

Damit wir uns nichts vormachen, sollten wir uns zunächst einer Selbstkritik unterziehen.

Es ist eine Tatsache, dass jedes Lebewesen — jeder Mensch, also auch jeder einzelne von uns — versucht, mit dem geringsten Aufwand den größtmöglichen Nutzen für sich selbst herauszuholen. Daher ist das Profitstreben des Unternehmers ebenso natürlich wie das Machtstreben des Politikers.

Beide Motive — das Streben nach Profit und das Streben nach Macht — ergänzen sich vorzüglich. Fatalerweise stehen dem die Interessen des Volkes — also das Gemeinwohl — im Wege, denn sie gefährden ohne jeden Zweifel den zügellosen Profit ebenso wie die unangefochtene Machtausübung. Dem Gemeinwohl aber gebührt der Vorrang vor Profit und Macht.

‚Es war schon immer falsch, von den Menschen zu erwarten, dass sie gut sind, man muss es ihnen unmöglich machen, dass sie schlecht sind' — diese Erkenntnis hatten bereits chinesische Staatenlenker vor mehr als 2000 Jahren. Der Mensch hat sich in seinem Verhalten nicht geändert — weder unten im Volk, noch oben in der Luxusklasse — die Aufforderung gilt angesichts unserer wachsenden Bevölkerungszahl auf der Erde daher heute mehr denn je, wir müssen sie also beherzigen!

Nachdem anstelle früherer Staatenlenker in historischen Zeiten heute meistens Demokratien für die Geschicke der Völker verantwortlich sind, haben heute wir — wir, der Souverän — die Aufgabe, der Politik die Prioritäten vorzugeben: soll für uns alle ein Nutzen erreicht werden, sind die Belange des gesamten Volkes zu vertreten und umzusetzen. Wie die Klima - Apokalypse gezeigt hat, war dies mit dem bisherigen Politiksystem und trotz der vielen Gesetze und Regeln nicht möglich. Dadurch ist das Vertrauen, das wir in die von uns beauftragten Hüter dieses Systems gesetzt haben, maßlos enttäuscht worden.

Zukünftig müssen wir daher unsere Macht auf andere Weise zur Geltung bringen! Dabei können wir zwar — wie Aristoteles schon gesagt hat — den Wind nicht ändern, aber wir können die Segel anders setzen. Das ist unsere Pflichtaufgabe! Also müssen wir unseren Politikern ihre Fluchtmöglichkeiten in hinhaltende Versprechungen abschneiden. Wir müssen sie am Schopfe packen und aus dem Sumpf ziehen, indem wir ihnen wieder unser Vertrauen in Aussicht stellen. Wir müssen ihnen mit dem Entzug der Macht drohen, sofern sie keinen Erfolg in unserem Sinne erringen. Ohne Demonstration einiger Folter-werkzeuge werden unsere gewählten Erfüllungsgehilfen nicht verstehen, dass sie den Egoisten, die das Gemeinwohl mit Fü-ßen treten, Einhalt zu gebieten und stattdessen unsere berechtig-ten Ansprüche zu erfüllen haben. Wie jeder von uns ehrlicher-weise wohl zugeben muss oder aus persönlichen Erfahrungen weiß — von selbst wird sich das Gute niemals durchsetzen!

Wir müssen also unseren Politikern abverlangen, dass sie den Inhalt der Verfassung mit den erforderlichen Schwerpunk-ten interpretieren, den ständigen Herausforderungen anpassen und diese Vorgaben ohne Wenn und Aber umsetzen. Und wir müssen sie am Ergebnis ihres Handelns messen. Scheitern sie an diesem Auftrag, sind sie für eine Wiederwahl unbrauchbar. Unsere nächsten Abgeordneten werden daher für den Erfolg ihrer Tätigkeit persönlich haften müssen ...“

Irlinger unterbricht das Video, „... auf die Fortsetzung müssen wir aus Zeitgründen verzichten, das Wesentliche ist Ih-nen ohnehin bereits aus erster Quelle am Obersalzberg erläutert worden.

Die Kundgebung damals war für uns Presseleute Anlass wochenlanger Berichterstattung. Gleichzeitig war sie für viele unserer Kollegen, die seit Jahren über politische Ereignisse berichten, von hohem Interesse, weil zumindest Teile der Kompassidee inhaltlich in die Nähe der Gedanken kamen, die sie selbst insgeheim immer mal hin und her bewegt, dann aber als Träumerei wieder fallen gelassen hatten.

Die Artikel hier an der Wand dokumentieren geradezu ein Überschlagen unseres Geschäftes, wir kamen mit der Berichterstattung und den Kommentaren dazu kaum den einlaufenden Meldungen hinterher. Dazu liefen dann noch die Meldungen aus den Nachbarländern ein, die wir unseren Lesern nicht vorenthalten wollten.

Wenn man die Dinge jetzt so im Nachhinein betrachtet, muss man eigentlich feststellen, dass kaum etwas nicht zu erwarten gewesen wäre ...“

„... ja,“ greift Marie ein, „an Meinungen war alles vertreten — von der entrüsteten Abwiegelung bis zur begeisterten Zustimmung. Die Politiker verwahrten sich natürlich entrüstet dagegen, kontrolliert werden zu sollen und verwiesen auf die in ihren Augen sakrosankte Eigenart ihres Berufs. Sie verteidigten die Notwendigkeit von engsten Beziehungen zur Wirtschaft, ohne die kein Wohl für das Volk durchzusetzen wäre. Einzelne hielten den gewaltigen bürokratischen Aufwand für das Datensammeln für nicht zu bewältigen. Wirtschaftsvertreter bagatellisierten den ihnen vorgeworfenen Wachstumsterror und kritisierten einen zu erwartenden Gemeinwohlterror, der den erreichten Wohlstand akut in Frage stellen würde. Sie hielten den ZEUS Mitarbeitern vor, keine Ahnung von den Schwierigkeiten ihrer Tätigkeit zu haben und empfahlen, sie in eine geschlossene Anstalt zu stecken. Rechtsexperten verwiesen auf juristische Fest-

legungen, die alle Vorschläge des beabsichtigten Politikwandels
scheitern lassen würden."

„Natürlich waren die Bürger verunsichert." Irlinger ver-
weist auf eine Zeitungsausgabe. „Die einen — vor allem die
ihrer Angehörigen Beraubten und um ihr Hab und Gut Geschädigten — waren zornentbrannt und hätten die Politiker ge-
lyncht, wenn sie die Gelegenheit dazu gehabt hätten. Sie unterstützten daher vehement die aufgezeigte Möglichkeit, die Erfolge der Politik nachgewiesen zu bekommen. Die anderen hielten
eine Politikerkontrolle für übertrieben und fürchteten eine Läh-
mung jedes wirtschaftlichen Handelns.

Über Wochen hielt die Diskussion über die Kompassidee
an. Als das erste laute Kriegsgeschrei vorbei war, folgten die
gemäßigten Stimmen und Äußerungen derjenigen, die das Für
und Wider sorgfältiger gegeneinander abwogen. Umfragen
wurden durchgeführt, Diskussionskreise gebildet, immer wieder
wurde auf unüberwindliche Schwierigkeiten, z.B. auch bei den
internationalen Verflechtungen und Bindungen hingewiesen.

Andererseits verstanden viele gar nicht, warum eine Vorgabe für jeden Staat, die Kompassgrundsätze nach seinen eigenen Möglichkeiten verbindlich umzusetzen, nicht realisierbar
sein sollte. Vielleicht wäre das tatsächlich die einzige Chance,
das Wohl Aller zu mehren und die Zerstörung unserer Welt zu
bremsen und letztlich zu beenden?

Unseren Mitarbeitern blieb dies nicht verborgen und sie
versuchten — ich gebe es zu — schon wegen der Verkaufser-
wartungen unseres Blattes den Kompassgedanken mit sachli-
chen Informationen zu begleiten.

So machten sie etwa deutlich, dass vor dem Klimadrama
in unserem Land die ausgestoßene Menge an Klimagasen —

angesichts der global als vertretbar angesehenen — entschieden zu hoch war. Sie belegten, dass der Pro-Kopf-Verbrauch an Wasser, an Fleisch oder an Energie einschließlich des Wirtschaftssektors angesichts der globalen Bevölkerungsentwicklung nicht zu vertreten war. Sie kritisierten, dass die Menge an Abfall unverantwortlich groß war. Und sie deckten auf, dass die Unterstützung des Staates zugunsten von Arbeitslosen, Sozialhilfeempfängern, Rentner oder Obdachlosen — gemessen am Wohlstand unseres Landes — dermaßen gering war, dass dies einem die Schamesröte ins Gesicht hätte steigen lassen müssen. Um falsche Argumente gar nicht erst aufkommen zu lassen, wiesen sie darauf hin, dass diese Entwicklungen zu Lasten von Mensch und Natur nicht mit dem Angebot einer unendlichen Auswahl an High-tec - Geräten, Edelmöbeln, Designerkleidern oder Superautos aufgerechnet werden können, das für seine Produktion immer weitere Eingriffe in die Landschaft für Gebäude oder Straßen erforderlich macht. Und sie erklärten, dass es die Knappheit der Ressourcen verbietet, in München oder anderen Ballungsräumen sündteure Häuser und oft riesige Wohnungen für Auswärtige entstehen zu lassen, die sie lediglich für einige Tage zum Besuch von Theater- oder Fussballereignissen nutzen, damit aber bewirken, dass Wohnraum für Ortsansässige fehlt bzw. unerschwinglich wird.

Wenn Unverzichtbares durch Verzichtbares — oder anders ausgedrückt, wenn das Wohl aller zugunsten des Wohlstands Weniger — zerstört werden darf, ist ein Desaster die unvermeidliche Folge.“

Michel will Irlinger eine Pause gönnen und unterstreicht die Aussagen der journalistischen Recherchen: „Nach meinen Eindrücken hat diese Berichterstattung doch einer Menge von

Leuten ihre geliebten Vorurteile geraubt. Vielen Bürgern war es, als wäre ein unsichtbarer Schleier auf die Seite gezogen worden, der ihnen bisher Einblicke in für sie lebenswichtige Entwicklungen verborgen gehalten hat. Plötzlich wurde das bisher Unsichtbare sichtbar, plötzlich wurde transparent, welcher Preis für ein überflüssiges Wirtschaftswachstum bezahlt wird und dass es offenbar nur aufrecht zu erhalten ist, wenn weiterhin die Natur zerstört und elementare menschliche Bedürfnisse mit Füßen getreten werden."

„Aber trotzdem," setzt Irlinger fort, „schwankte die Bevölkerung zwischen Ablehnung und Befürwortung des ZEUS Vorschlags noch unentschlossen hin und her. Die einen kamen auch nach dem Desaster mit ihrem Leben gut zurecht und meinten, darum sollten sich gefälligst alle bemühen. Jeder sei nun einmal selbst seines Glückes Schmied. Sie gaben sich keine große Mühe, darüber nachzudenken, aus welchen Gründen andere nicht über die Freiheiten verfügten, die sie für sich selbst ausgiebig in Anspruch nehmen konnten. Sie lebten nach dem Motto ‚selbst essen macht fett' und die Idee, dass sie als Teil der Luxusklasse den gleichen Gefahren ausgesetzt sein könnten, wie alle anderen auch, war ihnen nicht zugänglich. Drohten zuhause die Weihnachtsgänse knapp zu werden, flogen sie eben in ihr Luxushotel in der Karibik.

Die meisten aber waren entweder durch das Klimaunglück schwer getroffen oder hatten leidvolle Erfahrungen machen müssen mit Arbeitslosigkeit, Verletzung ihrer Menschenwürde, Misshandlungen, gerichtlichen Fehlurteilen oder der Zerstörung ihrer Heimat durch den Bau von Flugplätzen und Straßen sowie durch Überschwemmungen und Stürme. Sie hatten die Nase voll von den ständigen Versprechungen, Betrügereien und Heucheleien der Mächtigen, für sie durfte es in keinem Fall so weitergehen wie bisher.

Angesichts der Tatsache, dass von der Politik eigentlich kaum etwas anderes verlangt werden sollte, als das, was sie hätte längst machen sollen, schien der Kompassgedanke immer mehr ernsthafte Anhänger zu gewinnen. Die ersten Zellen einer Vereinigung, die sich den ZEUS Vorschlag zu eigen machten, entstanden und waren den Kompassfreunden Forum für ihre Diskussionen und Aktionen ...“

„... dies war ganz schnell Anlass für eine weitere Welle der Aufregung,“ schiebt Prometheus ein, „weniger bei den Bürgern, aber entschieden bei denjenigen, die ihre Macht bedroht sahen, also den sogenannten Leistungsträgern. Die Spitzenprofiteure unter ihnen wollten sich auch nicht durch die zwischenzeitlich vorliegenden Informationen verunsichern lassen und beschworen das apokalyptische Ende des bisher Erreichten, sollte der ZEUS Vorschlag Realität werden.

Allerdings kamen aus der gleichen Ecke auch nachdenkliche und ausgesprochen befürwortende Stimmen, die der Idee einer strikten Nachhaltigkeit bei wirtschaftlichen Aktivitäten eine Menge abgewinnen konnten, nicht nur, weil sie darin eigene gewinnversprechende Geschäftsschwerpunkte sahen, sondern weil sie dies auf lange Sicht als unvermeidlich erachteten und schon lange auf diesbezüglich eindeutige politische Signale warteten. Diese Reaktion machte auch für den Bereich der Wirtschaft deutlich, dass hier keineswegs das Streben nach Profit der alleinige Ansporn war. Gerade auf diesem Feld fanden sich Personen mit den klügsten Köpfen und zielorientiertem Durchsetzungswillen, die es geschafft haben, hilfreichste Produkte, segensreiche Erfindungen und hervorragende Dienstleistungen zu kreieren, die der Menschheit ausgesprochen zunutze waren und sie deswegen entschieden vorwärts brachten. Mancher Bürger hat sich daher immer schon gewünscht, dass sich mehr Personen mit diesen Fähigkeiten der Politik zugewandt hätten."

Nun ergreift Marie das Wort: „Ihre Macht sah auch die Justiz bedroht, wenngleich hier die Äußerungen moderater vorgebracht wurden. Juristen an den Gerichten befürchteten, dass ihnen mit dem Kompassgerichtshof Kompetenzen entzogen werden, die Gerichte sahen durch den vorgesehenen Bedeutungszuwachs der freien Presse und die Einrichtung der Schlichter ihre hoheitliche Unangefochtenheit gefährdet, die Anwälte hatten Sorge um ihre Profitspannen, wenn plötzlich Gerechtigkeit Vorrang vor Einfluss, Willkür und Schludrigkeit eingeräumt würde. Damals waren nämlich schon längst justizinterne Korrektursysteme beseitigt, Richter konnten sich also häufig ohne jede Gegenkontrolle Urteile nach eigenem Gutdünken zurechtzimmern …"

„… die sie auf Sachverhaltsschilderungen von Anwälten stützten," schneidet Prometheus wütend Marie das Wort ab, „die ihre Ausbildung für vordergründig rechtssichere Falschbehauptungen zweckentfremden dürfen, oder auf Aussagen von in ihrem Sinne verlässliche Gutachter oder verborgene politische Weisungen stützen. Damit war es möglich, einen Autofahrer freizusprechen, wenn er ein Kind überfahren hat oder eine Reinigungsfrau mit Geldstrafen zu belegen, wenn sie nach dem Champusempfang in ein übriggebliebenes Lachshäppchen gebissen hat. Beide Bewertungen — obwohl zulasten der Opfer — sind mit geeigneten Richtern aus dem Paragrafendschungel der Gesetze immer irgendwie zu begründen …"

„… deswegen wurde mit der Erforschung des wirklichen Sachverhalts nicht viel Zeit verschwendet, der rationalen Suche nach Gerechtigkeit wurde nur eingeschränkt Bedeutung beigemessen und schnell wurde demjenigen Recht zugesprochen, der am glaubhaftesten lügen konnte. Es war eben oft — wie auf hoher See — nur die Frage, ob man gerade zufällig Glück hat. Die Ursachen für diese unverantwortlichen Zustände waren vielfältig: etwa die schier unendliche, und damit unübersichtliche Fülle von Gesetzen und ihrer abenteuerlichen Auslegungsmöglichkeiten, eine verbreitete Überheblichkeit der Richter aufgrund ihrer gottgleichen Unantastbarkeit, Müdigkeit, Unpässlichkeit oder Hunger, die Abhängigkeit ihrer Karriere von der Politik, der Druck der Industrie zum Schutze ihrer Eigeninteressen, persönliche Bedrohungen durch kriminelle Banden, der eklatante Personalmangel und der dadurch erzeugte Zeitdruck, die oft unzureichende Ausbildung und schließlich die politisch beförderte pulverisierte Verantwortlichkeit.

Wie bei der Wirtschaft gab es aber auch hier Personen, die in dem empfohlenen Systemwandel mehr Licht als Schatten sahen. Zahlreiche Richter und Anwälte mit Sachverstand und Gewissen, denen der für den tatsächlichen Sachverhalt oft blinde Chorgeist der Fachkollegen schon immer ein Dorn im Auge war, vertraten die Auffassung, dass sich die Justiz nur dann wieder ihrer eigentlichen Aufgabe widmen kann, wenn sie bei ihren Urteilen ohne Druck von außen wieder Sorgfalt und Gründlichkeit zum Einsatz bringen darf. Nur damit hätte Gerechtigkeit wieder eine Chance und nur damit kann längst verloren gegangenes Vertrauen der Gesellschaft zurückgewonnen werden.“

Irlinger nickt und fährt fort: „Die Reaktionen von Wirtschaft und Justiz lassen sich mit unserem Pressearchiv belegen, einige Artikel dazu — auch die mit dem Autofahrer und dem Lachsbrötchen — habe ich hier beispielhaft an die Wand gepinnt.

Ebenso gab es auch bei den Politikern unterschiedliche Sichtweisen: selbst nach der Katastrophe gab es manche, die kein Versagen erkennen konnten. Sie hätten nach besten Wissen und Gewissen gehandelt, weder ihre Wirtschaftsberater noch einflussreichste Unternehmer oder gar Präsidenten anderer Länder hätten einen Politikwandel im Entferntesten angedacht oder gar für erforderlich erachtet. Sie verharrten bei ihrer festen Überzeugung, dass damalige außerparlamentarische Zwischenrufe von Wissenschaftlern und Schutzverbänden unbedeutende Nebengeräusche waren. Sie weigerten sich beharrlich, wahr zu haben, dass die seit Jahrtausenden bekannten menschlichen Schwächen nicht nur bei anderen — also vorzugsweise beim niederen Volk — anzutreffen sind. Für sie selbst — meinten sie — gab es kein menschliches Versagen, keine Habgier, keinen Betrug, keine Verführung, keine Inkompetenz oder keinen krankhaften Optimismus. Es gab nur ihren festen Glauben daran, dass ihre persönliche Einbildung der Welt die richtige war. Daran hielten sie so fest, wie der Pitbull die Wade des Briefträgers.

Angesichts der unübersehbaren Kompassbewegung reifte allerdings auch bei ihnen ganz allmählich eine unangenehme Ahnung, dass sich nun etwas tat, was entschieden Gefahr bedeutete für ihre bis dato sakrosankte Haltung.

Die Nervosität dieser Betonkopffraktion wurde noch verstärkt durch Kollegen, die durch den sich abzeichnenden

Stimmungsumschwung im Volk begannen, ganz offen eine Heidenangst vor der vorgeschlagenen Kompasspolitik zu entwickeln. Die darin angestrebte Transparenz würde ein neutrales Licht auf ihr politisches Handeln werfen und die Bürgerentscheide würden nicht mehr zulassen, dass sie weiterhin die Freiheiten im Paradies ihrer persönlichen Standpunktbestimmung in Anspruch nehmen können. Wenn dies auch noch unter Aufsicht eines internationalen Gerichts erfolgt, dessen Richter ohne politische Mitwirkung frei gewählt werden sollen, käme dies einer echten Gewaltenteilung gleich, die bisher so elegant vermauschelt werden konnte. Damit hätte das Volk tatsächlich die Möglichkeit, die Politik in seinem Sinne demokratisch zu beeinflussen! Alle demokratiefeindlichen Strukturen und Vorgaben müssten dann von grundauf geändert werden! Wie soll dann noch Klientelpolitik funktionieren? Welchen Einfluss kann Lobbyarbeit dann noch haben? Kann dann überhaupt noch mit Parteispenden gerechnet werden?

In allen Parteien hatte meistens die Fraktion der Betonköpfe mit Unterstützung aus der Wackelpuddingabteilung das Sagen, Mitglieder mit Weitsicht und Haltung waren Mangelware und deswegen immer in der Minderheit. Endlich nun schien ihre Stunde gekommen, die ewig auf die Hinterbank Verbannten griffen den ZEUS - Vorschlag begeistert auf, ihnen war, als ob im interessengepeitschten Meer mit seinen goldgepanzerten Kampfschiffen eine Insel auftauchte — ach was! — ein massives Festland, dem das Arsenal der Profitarmada nichts anhaben konnte und das für ihre schon immer vertretenen Überzeugungen einen fruchtbaren Nährboden bereithielt. Die Begeisterung ob dieser Tatsache gab ihrer Werbung für den kompassbestimmten Systemwandel unglaublichen Auftrieb.

Die Bürger damals schüttelten einerseits den Kopf über die Aufregung in den politischen Gremien, die sie an einen Hühnerstall erinnerte, andererseits verstärkte sich gerade deswegen bei ihnen der Eindruck, dass ZEUS den Finger in eine schwärende Wunde gelegt haben muss.“

Um Irlinger Kritik am eigenen Berufsstand zu ersparen, übernimmt dies Prometheus: „Aus dem Pressearchiv ist auch zu belegen — und dies sollte hier nicht verschwiegen werden, dass auch Teile der Presse anfangs mit dem ZEUS Vorschlag scharf ins Gericht gingen. Da äußerten sich die bekannten lautstarken Journalisten, die in inniger Kumpanei mit Teilen der Wirtschaft und bestimmten Parteien schon damals ihre eigene veröffentlichte Meinung als öffentliche Meinung darstellten. Trotz der Katastrophe meinten sie immer noch, die sogenannten Leistungsträger pauschal schützen zu müssen und versuchten, die Mitarbeiter des ZEUS Gremiums als Truppe von ahnungslosen Weltverbesserern darzustellen. Aber die Gefolgschaft dieser Journaille hat längst zu bröckeln begonnen, ihre Rufe fanden kaum noch Widerhall.“

„Ich kann dem nichts entgegensetzen,“ nimmt sich Irlinger wieder das Wort, „denn auch wir bei der Presse beschäftigen Menschen mit unterschiedlichen Schwächen — manchmal mit einer speziellen Mischung aus Intelligenz und Einfalt — da konnten Artikel der angesprochenen Art nicht ausbleiben. Und die Kollegen merkten dann ja auch bald, wie sich die Volksmeinung änderte.

Bekanntermaßen waren die Bürger schon immer skeptisch gegenüber den unverbindlichen Phrasen und schönfärberischen Floskeln der Politik — seit der Katastrophe natürlich erst recht. Sie konnten nichts anfangen mit den propagierten Veränderungen und Reformen, deren Notwendigkeit und Sinn nicht erklärt wurde. Sie waren der Metaphern über rechte oder linke Politik satt, die zwar Suggestionen erzeugen, aber keine Vorgänge erkennen ließen. Da war es wie Wasser auf ihre Mühlen, dass Regierungen nun den Erfolg ihrer Leistungen offen legen sollten. Dass dabei zu unserem Schutz und Vorteil der Planet von den gröbsten Schäden befreit sowie zukünftig pfleglicher behandelt werden muss und den Menschen gleichzeitig mehr Gerechtigkeit zuteil wird, sollte schließlich selbstverständlich sein. Damit hätten sie endlich wieder Grund unter ihren Füßen. Schließlich wurden die meisten von ihnen auch an ihren Leistungen gemessen. Dass sie dann noch über die erreichten Fortschritte von neutraler Seite informiert werden sollen und sogar an der Politik mitwirken können, war ein Signal, das aufmerksames Gehör fand.

Da zu erwarten war, dass der ZEUS Vorschlag die in Ideologien und Sachzwängen verklebten Politikstrukturen von ihrem Filz befreit, forderten immer mehr Bürger ganz unumwunden, diese Idee umzusetzen. Sie konnten nicht verstehen, warum ihre Abgeordneten Bedenken gegen eine Offenlegung ihrer Leistungen äußerten, schließlich ist es nun einmal vorrangige Aufgabe der Politik, das Wohl der Bürger zu mehren und erkennbaren Risiken aus dem Weg zu gehen. Und unfähige Politiker aus dem Verkehr ziehen, hätten sie schon immer gerne gewollt."

Als ehemaliger Aktivist und intimer Kenner der zahlreichen Organisationen außerhalb staatlicher Ebenen nimmt sich Michel nun das Wort: „Das wollten nicht nur die Bürger, sondern auch die unzähligen Verbände außerhalb der Politik, die damals die politischen Entscheidungen eigentlich ununterbrochen am Rande eines Nervenzusammenbruchs mitverfolgt haben. Sie konnten nicht fassen, warum immer wieder auf Kosten von Klimaschutz, Menschenwürde, Ökologie, Gesundheit, Frieden und Naturschutz gehandelt wurde, obwohl alle menschlichen Wertvorstellungen das Gegenteil dessen verlangten. Mit der Veröffentlichung des ZEUS - Vorschlags sahen sie, dass ihre Sorgen nun tatsächlich ernstgenommen werden könnten. Als erfahrene Kämpfer für ihr jeweiliges Thema erkannten sie auch die gewaltige Chance, der Kompasspolitik zum Durchbruch zu verhelfen, nämlich durch das gemeinsame Ziehen an einem Strang. Mangels Menge an Befürwortern für ihr Einzelthema blieb ihr Engagement oft auf der Strecke — die grausame Profitwalze machte nicht nur ihre Wünsche platt, sondern ließ sogar immer wieder allzu lautstarke Mitstreiter vergiften, erstechen, erschießen oder in die Luft sprengen. Die Kompasspolitik nun würde dies wohl ändern — noch dazu über Ländergrenzen hinweg. Endlich ergab sich eine Möglichkeit, ihre Anliegen, die früher als Appelle, Vorschläge und Proteste in zahllosen Demonstrationen vorgebracht werden mussten, in Erfolg versprechendes politisches Handeln umzuwandeln.

Nach anfänglichem Zögern — in den Chefetagen sah man das eigene Image und die Spendenfreudigkeit der Mitglieder gefährdet — nutzten alle ihre Möglichkeiten — die Menschenrechtler ebenso wie die Wirtschaftsethiker, die Umweltschützer und die Klimaspezialisten, die sozial Engagierten wie die Finanzkritiker, die grenzenlosen Mediziner, die Kinderfreunde, die Künstler, die Hungerstiller, die Trinkwasserschützer, die Nahrungswächter, die Bildungsexperten wie die Korruptionsaufdecker, die Arbeitsmarktkritiker und die Seniorenkümmerer — motivierten ihre Mitglieder und Unterstützer und konnten damit ein riesiges Reservoir an Multiplikatoren erreichen, die sich hinter den ZEUS - Vorschlag stellten.

Allmählich näherten sich die nächsten Wahlen, in den Monaten bis September wurde die Werbetrommel mächtig gerührt. Überall im Lande gab es mit Hilfe der ersten Kompasszellen zwischenzeitlich engagierte und gestandene Persönlichkeiten, die sich für die ZEUS - Politik einsetzten und dafür warben. Ihnen hatten sich auch eine Reihe von erfahrenen Politikern angeschlossen, die die Kompassidee als willkommene Möglichkeit sahen, mit ihrer Parteizugehörigkeit zu brechen, von der sie ohnehin nie wirklich überzeugt waren. Auch wir Aktionisten mit unseren zahlreichen vor allem jugendlichen Freunden setzten uns weiterhin massiv dafür ein, die bis dahin praktizierte Schein - Demokratie durch die Kompass - Demokratie abzulösen. Wir warben auf der Straße, organisierten Demonstrationen, luden zu Informationsveranstaltungen ein, kontaktierten Gleichgesinnte in anderen Ländern, zeigten Videos und TV-Spots, verteilten ‚Kompass‘ - Embleme und T-Shirts und nutzten alle Möglichkeiten, die Internet und Phones bieten.

Eine große Hilfe war natürlich die Presse — wobei ich mein Lob ausdrücklich auf die ernsthaften Blätter beschränke ...“ dankbar schaut Michel auf Irlinger, „... in Zeitungen und Internetblogs wurde ausführlich informiert, was die Kompassspolitik bedeutet. Hier konnten die Menschen ihre Fragen und Meinungen zum beabsichtigten Politikwandel sowie zu den aufgeworfenen Themen Verantwortung, Transparenz, Datensammeln und überstaatlicher Kompass - Gerichtshof einbringen und sie untereinander erörtern. Hier konnten sie sich zusammentun, Leserbriefe schreiben, sich mit Emails austauschen und ihre Forderungen für Wahlveranstaltungen ankündigen.

Immer mehr sprach sich herum, dass die Kompassdemokratie für eine Politik steht, die die in unserer Welt unantastbaren Grundansprüche umsetzen und dafür die verantwortlichen Politiker in die Pflicht nehmen will. Und immer mehr leuchtete den Bürgern ein, dass sie manchmal ihre Wünsche auch selbst zügeln müssen, dass sie von den etablierten Politikern keine Initiative für einen Systemwandel erwarten können und dass sie ihn deswegen selbst in die Wege leiten müssen.

Obwohl übrigens mit Hilfe der Medien nach einer alternativen Konzeption, die besser als die Kompassidee geeignet ist, dem Erdenvolk das Überleben und sein Wohl zu sichern, nachdrücklich gesucht wurde, blieb diese Aktion bisher ohne Ergebnis!"

Irlinger macht noch einmal deutlich, wie erbittert sich die Profitwilderer dagegen gewehrt haben, dass die Politiker für Fortschritte beim Wohl des Volkes in Haftung genommen werden sollen und wie verführerisch dagegen beim Volk die Aussicht war, genau das nachgewiesen zu bekommen. „Die weitere Entwicklung ist Ihnen ja geläufig und muss von Presseseite wohl nicht näher geschildert werden — obwohl unser Berufsstand natürlich immer in der Lage ist, bereits gründlich ausgeleuchtete Ereignisse noch stärker strahlen zu lassen! Aber wir wollen es nicht übertreiben."

Er macht noch auf die deutschen und eine Reihe von ausländischen Zeitungsausgaben aufmerksam, die auf dem Tisch lagen. Mit ihren fetten Schlagzeilen schrieen sie geradezu den Wahlerfolg der neuen Kompasspartei in die Welt hinaus.

Aus Irlingers Körperhaltung ist ersichtlich, dass er nun seine Informationsaufgabe als erledigt ansieht. Prometheus bedankt sich also im Namen der Gruppe für die aufschlussreiche Unterrichtung und verabschiedet sich.

Unten vor dem Eingang verabreden sie sich für den nächsten Tag. „Da erfahrt ihr dann, wie sich die neue Politik installierte und allmählich tatsächlich im Sinne des Kompasses erfolgreich arbeitete." meint Marie. „Dazu besuchen wir eine der vielen Außenstellen des Kompassdateninstituts."

9 Zugspitze
Besuch bei den Faktenforschern

Die Zahnradbahn schnurrt auf großen, den Landschaftsformen angepassten Gleisbögen gemächlich bergauf. Sophie und Max richten ihre Blicke aus den Fenstern auf eine riesige Fläche mit zahlreichen Steinen und Felsbrocken, die zwischen dem jungen Baumaufwuchs an traumatische Ereignisse erinnert.

„Eine der Hinterlassenschaften des Unwetterdesasters", erläutert Marie „ein gewaltiger Murenabgang zerstörte hier nicht nur den Bergwald, sondern auch viele Häuser unten im Tal. Auch die Trasse unserer Zahnradbahn war in Mitleidenschaft gezogen und zum Teil weggerissen."

Michel hat heute für Gesellschaft seines Freundes Darwin gesorgt, eines Mannes in seinem Alter, der im Gegensatz zu ihm damals nicht außerhalb, sondern — wie Georg auch — innerhalb des Parlaments als Parteimitglied tätig war. Auch wenn sie damals nicht immer einer Meinung waren, sie schätzten sich und schärften ihre Argumente im Disput miteinander. Er war einer der Nachfahren des großen englischen Naturforschers und seine Art, Dingen auf den Grund zu gehen sowie sich überall auf der Welt zuhause zu fühlen, scheint diese Verwandtschaft zu bestätigen. Seine Jugend verbrachte er in Deutschland, er studierte und arbeitete hier und begann dann nach einigen längeren Auslandsaufenthalten seine politische Laufbahn. Nach Veröffentlichung der ZEUS - Ergebnisses kehrte er seiner Partei den Rücken, verschrieb sich mit Haut und Haaren dem politischen Wandel, war ein Mitglied der ersten Kompassregierung damals und blieb es auch in den weiteren Legislaturperioden. Michel dachte, niemand könnte besser als er Georg und den beiden

Jungspornen die junge Geschichte der Kompasspolitik nahebringen.

Die sieben sitzen im ersten Wagen der Bahn und haben die Häuser von Garmisch bereits weit hinter sich gelassen. Bereits während ihrer Anreise mit dem Zug berichtete Darwin, wie er die Anfänge des politischen Systemwechsels empfunden hat. Am nachhaltigsten war ihm die Ernsthaftigkeit in Erinnerung, mit der die neu rekrutierten Personen und Gremien an ihre verantwortungsvolle Aufgabe herangingen. Ständig waren sie sich bewusst, dass es nicht mehr um Anbiederung an Lobbys, an schützenswerte Geldmagnaten oder an einflussreiche Glaubensgemeinschaften ging, sondern ausschließlich um die Kernbedürfnisse des Menschen und sein Lebensumfeld, wo immer er sich auch auf unserem Planeten befindet.

Als eine der Voraussetzungen für den Erfolg ihrer Politik etablierten sie in Absprache mit anderen kompasswilligen Ländern — wie vor der Wahl zugesagt — Kompassgerichtshof und Kompassdateninstitut, letzteres mit einer Reihe von Außenstellen, die mit der steigenden Zahl der Kompassstaaten um weitere ergänzt werden können. Im Gegensatz zu den geäußerten Befürchtungen waren die Daten für die Kompasszwecke ohne besondere Schwierigkeiten zu erheben, die meisten lagen ohnehin schon lange vor und mussten lediglich aus einer Vielzahl von Sammelstellen abgerufen, bereinigt und auf den jeweils aktuellen Stand gebracht werden. Mit Hilfe der von der Politik unabhängigen internationalen Justizeinrichtung wurde eine geeignete Kontrollinfrastruktur geschaffen, die Zug um Zug nach Beginn ihrer Tätigkeit die damals politisch blind gehaltenen Pseudoaufseher ersetzte. Nachdem die Wähler ihren politischen Vertretern eine persönliche Haftung für ihr erfolgreiches Handeln abver-

langten, blieb der neuen Kompassregierung gar nichts anderes
übrig, als die Verantwortlichkeiten auch in Wirtschaft, Justiz
und anderen Lebensbereichen auf den Prüfstand zu stellen und
in ähnlicher Weise wie bei sich selbst neu zu ordnen. Andernfalls hätten sie die eigenen Pflichtaufgaben niemals erfüllen
können. So haftet heute der Anbieter eines Produkts oder einer
Dienstleistung für die Qualität oder Zuverlässigkeit persönlich
— der Metzger für sein Fleisch aus artgerechter Tierhaltung, die
Anwältin für den Erfolg ihrer Klage, der Verkäufer für die Un-
tadeligkeit seiner Ware, der Banker für die Richtigkeit seiner
Beratung, die Richterin für die Gerechtigkeit ihres Urteils, der
Architekt für sein fachlich ausgereiftes Bauwerk und die Wirtin
für ihr einwandfreies Restaurantessen — da hilft nirgends mehr
der Verweis auf unfähige oder flüchtige Mitarbeiter und Subun-
ternehmer.

Um den Kompasserfolg nicht an überholten Vorschriften
scheitern zu lassen, sind Gesetze und Regeln, die den neuen
Grundsätzen entgegenlaufen oder angemessenen rechtlichen
Standards nicht genügen, generell außer Kraft gesetzt worden.
Die Justiz bekam die Aufgabe, dem Gesetzgeber Vorschläge zu
unterbreiten, wie die Gesetze entrümpelt und so eindeutig for-
muliert werden können, dass sie jedermann versteht und durch
die Gerichte nicht mehr nach Gutdünken oder gegen die Gerechtigkeit ausgelegt werden können. Damit sollte auch der
Aberwitz entfallen, offensichtlich ungerechte Urteile mit Hilfe
von Gesetzen als rechtlich unanfechtbar begründen zu können,
damit ein scheinbarer Rechtsfrieden aktenkundig ist. Maßstab
der Überarbeitung war, dass sich der Bürger bei Justitia nicht
mehr ‚wie auf hoher See‘, sondern ‚wie im sicheren Hafen‘
wissen soll. Ansonsten wurde verfügt, dass entgegen der dama-

ligen Praxis mit Beginn der neuen Politik generell Menschen- und Kinderrechte, Verträge, Vereinbarungen und alle Vorgaben im Geiste der Kompassverfassung strikt einzuhalten sind — und zwar von jedermann. Die Steuerschlupflöcher wurden geschlossen, die Steueroasen Zug um Zug trockengelegt, Steuersätze international harmonisiert und die großen Vermögen in angemessener und verträglicher Weise veranlagt.

Darwin lächelt. „Für diejenigen, die mit der damaligen Praxis des gesellschaftlichen Miteinanders vertraut waren, mussten diese Veränderungen entweder ein Horrorszenario oder ein Traum gewesen sein — je nach persönlichem Standpunkt. Als Mitglied meiner damaligen Partei war mir eigentlich immer bewusst, dass sie sich mit der Duldung — bzw. oft sogar mit der Unterstützung von krummen Machenschaften ständig am Rande eines Abgrunds bewegt. Wir mussten höllisch aufpassen, dass aufmerksame Bürger oder findige Journalisten die Tricks nicht aufdecken und uns damit bloßstellen und in den politischen Abgrund stoßen konnten. Die Finanzindustrie bei Laune halten, Wirtschaft wachsen lassen, Arbeitsplätze erhalten und den wichtigsten Unternehmen immer wieder verborgene Vergünstigungen zuschanzen hieß die Devise — wobei das Theaterspielen gegenüber den Bürgern und den aufmüpfigen Verbänden uns immer mehr Chuzpe abverlangte. Manche Kollegen und Kolleginnen waren dermaßen verunsichert, dass sie nur noch im Notfall vor die Kameras traten und dann oft in peinliches Stottern kamen.

Das Klimadesaster und die klare ZEUS - Botschaft führte dann allen vor Augen, welche Folgen das damalige Handeln hatte und dass man besser vorsichtiger hätte sein sollen — was früher bei der Dominanz der Profiteure niemand der politischen Entscheidungsträger auszusprechen gewagt hätte ....“

„ ... jeder mit einer Haltung „weniger, langsamer und nachhaltiger“ wäre geköpft worden,“ unterbrach Prometheus, „denn nach der weltweiten politischen Doktrin musste es überall mehr, schneller und unbedachter sein — das nutzte den starken Ländern, den privaten Finanziers und den mächtigen Konzernen am meisten. Damit konnten die Kleinen nicht mithalten, damit machte die Großen ihren Profit — ohne Verlierer hätten sie nicht gewinnen können.“

Darwin nickt, „mit dem klimatischen Donnerschlag endlich verstanden die Menschen die Botschaft und wählten den Wandel, der zur Sicherstellung der angestrebten Fortschritte zugunsten des Volkes nur mit einer Vielzahl von sich untereinander ergänzenden Maßnahmen erreicht werden konnte ...“

„... ein Regierungschef sollte also die Wirkung der zu fassenden politischen Beschlüsse frühzeitig einschätzen können,“ meint Michel, „ähnlich einem Komponisten, der beim Notenschreiben bereits das Konzert im Ohr hat ...“

„... was sicher optimal wäre, aber eher nur im Glücksfall zu erreichen ist,“ setzt Darwin lachend fort. „Denn auch Kunstschaffende, die Kunst schaffen, die tatsächlich als Kunst bezeichnet werden kann, waren schon immer rar. Wir standen natürlich in ständigem Kontakt mit anderen Kompassstaaten, um uns über die Wirkung am besten geeigneter Maßregeln auszutauschen, die normalerweise Einschnitte in den vorhandenen Filz bedeuteten. Dazu mussten wir uns natürlich gegen mächtige Banken und Konzerne durchsetzen und handelten uns dabei oft auch selbst manche Blessuren ein. Aber da wir für den Erfolg unserer Politik mit unserem Job haften, war es vorbei mit dem damaligen Schlendrian, wir konnten es uns nicht mehr leisten, notwendige Entscheidungen auszusitzen, gute Vorschläge von Oppositionsparteien zurückzuweisen oder egoistischen Protestgruppen nach dem Munde zu reden. Ständig sind wir auf der Suche nach Beratern, die Dinge zu Ende denken und ihren Fachbereich objektiv und kompetent vertreten. Jede Entwicklung, die Fortschritte bei den Kompassgrundsätzen gefährden würde, musste bereits präventiv verhindert werden. Die ehemaligen Berater mussten daher fast ausnahmslos ausgetauscht werden. Abhängig von den Eigenarten der Länder werden die jeweils günstigsten Schwerpunkte gesetzt, auch damit in die gewohnte Lebenswelt der Menschen nicht mehr als notwendig eingegriffen werden muss. Gegen die Staaten ohne Kompass mussten wir uns zunächst abgrenzen in der Hoffnung, dass die dort lebenden Bürger sich bald von den Erfolgen in den Kompassländern überzeugen lassen und ihre Regierungen austauschen würden.

Dank ZEUS konnte eigentlich jeder nachvollziehen, dass genau das erreicht werden musste, was Prometheus gerade ansprach — nämlich eine Entwicklung, die weniger aufwändig, langsamer und nachhaltiger ist. Nachdem damals von den Regierenden weder Einsicht noch Umsicht erwartet werden konnte, mussten wir als die neu gewählte Kompassregierung nun als Aufsicht fungieren. Und die musste streng sein — wir wären in die Wüste geschickt worden, hätten wir nicht von Anfang an konsequent dafür gesorgt, dass etwa Schadstoffe oder Versiegelungen weniger und die Lebensbedingungen für Minderbegüterte besser werden. Infolgedessen mussten unsere politischen Entscheidungen weniger Produktion und Energieverbrauch, aber gleichzeitig eine zunehmend faire Arbeitswelt zur Folge haben.

Die zahlreichen rechtliche Hürden versuchten wir mit kompassverträglichen Zusagen weg zu verhandeln, notfalls hatten wir aber auch geeignete Druckmittel an der Hand.

Wir legten also der Finanzindustrie wieder Fesseln an, ließen sie etwa für Risikogeschäfte alleine haften und setzten gegen größte Widerstände durch, dass sich der Wert des Geldes wieder am Goldstandard ausrichtet. Nur damit kann Vermögen vor Enteignung geschützt und die grenzenlose Verfügbarkeit des Geldes durch ungedeckte Schulden mit seinem immensen Zerstörungspotential beendet werden. Wir verlangten von den Anlegern einen Nachweis über die Herkunft ihres Vermögens, wir vereinfachten das Steuersystem und machten es gegen Betrug wasserfest, wir sorgten für zubeißendes Personal zum Eintreiben der Gelder, wir bauten kompassfeindliche Subventionen ab, wir beendeten die Finanzierung der Konsumwerbung aus Steuergeldern, wir förderten den Genossenschaftsgedanken wo immer sinnvoll, wir machten Vertragsbrüche strafbar, wir verminderten Verschmutzungen und Versiegelungen, wir veranlagten auch vorübergehenden Gebäudeleerstand, wir ordneten mit Abgaben, wir orientierten Bußgelder am Vermögen der Täter und an ihrer Wirksamkeit, wir führten die Beweisumkehr beim Nachweis der Unschädlichkeit von Produkten ein, wir unterstützten ein Reinheitsgebot bei Nahrungsmitteln, wir verlängerten Garantie- und Gewährleistungsfristen, wir begrenzten internationale Versicherungsleistungen auf die Kompassländer, wir zeigten kein Pardon mehr bei Regelverletzern, wir verpflichteten die Wirtschaft zur Kostenübernahme für die rückstandslose Abfallbeseitigung ihrer Produkte, wir belegten den Ressourcenschutz mit strengen gesetzlichen Vorgaben, wir belasteten Energieerzeugung, Verkehr und Transport mit den wahren Kosten auch bei Umwelt und Gesundheit, wir ließen die schlimmsten Schäden an Boden, Landschaft und Gewässern beseitigen, usw. usw.. Schließlich kreierten wir auch das Kompass - Siegel …"

„… das übrigens als einziges Gütemerkmal das Wirrwarr der unzähligen damals üblichen Plaketten abgelöst …," unterbricht Marie, „… und sich zwischenzeitlich bestens bewährt hat. Ein Produkt darf damit gekennzeichnet werden, wenn es schadstofffrei ist, die angegebene Lebensdauer garantiert und am bezeichneten Standort unter fairen Arbeits- und Produktionsbedingungen hergestellt wird. Arbeitgeber dürfen es für verlässliche Dienstleistungen beanspruchen, wenn sie fachliche Kompetenz und korrekte Beschäftigungsverhältnisse nachweisen, Bildungseinrichtungen oder Krankenhäuser, wenn sie den Kompassansprüchen genügen. Jeder weiß, dass ein durch die Kontrollorgane aufgedeckter Missbrauch äußerst unangenehme Strafen, öffentliche Bloßstellung oder gar eine Schließung des Unternehmens nach sich zieht. Deswegen kam es dazu dank der guten Geschäfte bei Kompassbetrieben bisher nur in einigen Ausnahmefällen."

„Für die uns abverlangten Fortschritte bei den elementaren Ansprüchen des Menschen und beim Schutz der Natur," nimmt sich Darwin das Wort zurück „sind dies Maßregeln, die unseren politischen Erfolg gewährleisten und auf die wir deswegen nicht verzichten können. Aus Erfahrung klug stellen wir aber alles ständig immer wieder auf den Prüfstand, bessern nach oder schwächen ab und prüfen dabei jeden Tag die neuesten Erkenntnisse auf ihre Brauchbarkeit für unsere Aufgabe. Natürlich lassen wir der privaten Wirtschaft innerhalb der Kompassnormen alle Freiheiten zu handeln. Das vor allem in Deutschland bewährte System, in dem Arbeitnehmer gleichzeitig arbeiten, lernen und die Betriebspolitik mitbestimmen, wurde noch optimiert. Droht aber irgendwo das Allgemeinwohl beschädigt zu werden, müssen wir eingreifen. Weil eine solche Haltelinie damals fehlte, kam es eben zu den zahlreichen, häufig auch ausgesprochen betrügerischen Grenzüberschreitungen, die zur Katastrophe beigetragen haben. Um Risiken dieser Art zukünftig so klein wie möglich zu halten, haben wir uns auch das Entscheidungsprimat bei den wichtigsten Aufgaben des öffentlichen Interesses zurückgeholt, etwa bei der Trinkwasserversorgung, der Erschließung von Bodenschätzen, dem öffentlichen Verkehr, dem Verkehrswegebau, der Grundlagenforschung, der landesweiten Siedlungsordnung, der Gesundheitsfürsorge — alles Aufgaben, die wir damals leichtfertig und in den meisten Fällen auf Kosten der Bürger privaten Profitmachern allein überlassen haben. Da trotz aller rechtschaffenen Bemühungen immer auch Bedrohungsrisiken gegeben sind, wurde innerhalb der Kompassallianz eine optimal vernetzte und äußerst wachsame Sicherheitsinfrastruktur etabliert. Im Gegensatz zu damals wurde ihrem präventiven Eingreifen höchste Priorität zugewiesen.

Mit diesen und weiteren Änderungen konnte unsere neu gewählte Kompassregierung der auferlegten Fortschrittspflicht einigermaßen nachkommen. Da jeder Kompassregierung — also auch in anderen Staaten — für die erste Legislaturperiode noch eine Bewährungsfrist eingeräumt wurde, drohte uns nach ihrem Ablauf noch keine Amtsenthebung, obwohl noch nicht bei allen Kompassnormen Fortschritte aufgezeigt werden konnten. Wenn wir aber beim nächsten Mal unsere Aufgaben ungenügend erfüllt und damit gegen unseren Amtseid verstoßen hätten, wäre das nicht nur das Ende unseres politischen Jobs gewesen, sondern auch der Beginn eines unangenehmen Gerichtsverfahrens vor dem Kompassgericht."

Bevor sie die wunderbare Aussicht aus ihrem Zug noch länger genießen können, wird es plötzlich dunkel. Die Bahn ist in den Tunnel eingefahren.

„In den weiteren Legislaturperioden," nimmt Darwin den Faden wieder auf, „schärften wir unsere Maßregeln, änderten sie ab oder ließen sie fallen, sobald sie nicht mehr erforderlich waren. Die von der internationalen Klima- und Naturschutzfachwelt als unvertretbar angesehenen Belastungen, die speziell für jedes Land ermittelt worden sind, mussten innerhalb von zehn Jahren mindestens zur Hälfte abgebaut sein. In gleicher Zeitvorgabe erreicht sein mussten dagegen die von den jeweiligen Fachdisziplinen erarbeiteten landesbezogenen Mindestansprüche beim menschlichen Wohl. Um die damalige unsägliche Zögerlichkeit der Politik zu vermeiden, war jede Kompassregierung auf diesen Zeitplan verpflichtet.

Auch wenn diese Politik nicht allen Bürgern gefallen hat — schließlich mussten etwa Wohlhabende einem Teil ihres Vermögens Adieu sagen — die Mehrheit der Bevölkerung hat sie akzeptiert. Einerseits saß ihnen die Furcht vor einer erneuten Katastrophe im Nacken, andererseits fanden sie an der zielgerichteten Zuverlässigkeit des kompasspolitischen Handelns im In- und Ausland ausnehmend großen Gefallen. Dass sie selbst die Voraussetzungen dafür geschaffen haben, machte sie stolz. Den konsequenten Schutz des für alle überlebenswichtigen Lebensraums empfanden die Meisten nun als unverzichtbare Zukunftssicherung.

Von der Möglichkeit, landesweite Bürgerentscheide zu initiieren, machte das Volk vor allem ab der zweiten Legislaturperiode regen Gebrauch. Wie bekannt, unterliegen sie einem hohen Quorum — denn Minderheiten sollten nicht die Richtung vorgeben — und dürfen nicht den kompassbestimmten Zielen zuwiderlaufen. Obwohl bisher keineswegs alle Initiativen Erfolg hatten, lassen sich die Menschen nicht entmutigen und starten immer weitere Anträge. Das Leben ist eben ständigem Wandel unterworfen, dem einfach Rechnung getragen werden muss.

Infolge unserer Erfolgshaftung nahmen übrigens erstaunlich schnell die früher weit verbreiteten Korruptionsgeschäfte und in Zusammenhang damit die internationalen Waffenschiebereien ab. Militärbündnisse mit Staaten ohne Kompass wurden beendet. Da sich die Allianz der Kompassstaaten vehement für eine ultimative Handhabung des Völkerrechts einsetzt und bereits in den Anfängen jeden dagegen handelnden Staat entschieden ächtet, sind auch kriegerische Auseinandersetzungen deutlich zurückgegangen. Übrigens ein Erfolg der Kompassdemokratien, der gar nicht hoch genug wertgeschätzt werden kann, bedeuten doch Kriegserfahrungen für die betroffenen Menschen und auch noch für ihre Nachkommen unendliches Leid und oft langanhaltende kaum noch reparable Seelenschäden."

Schließlich bremst die Zahnradbahn ihre Fahrt ab und rollt langsam in den Bahnhof ein. Die Gruppe steigt aus und bewegt sich auf das Schneefernerhaus zu. Schon damals beherbergte es eine bedeutende Forschungsstation für Umwelt und Klima. Die Einrichtung bot sich also geradezu an, einen Teil des vernetzten Kompassdateninstituts darin zu integrieren. Sie steht zwar auf einem Felsmassiv — allerdings ist es mit Permafrost durchsetzt und angesichts des Klimawandels in seinem Fortbestand gefährdet.

Kaum betreten sie das Gebäude, fängt es aus den zwischenzeitlich aufgezogenen schwarzen Wolken an zu regnen. Schnell entwickelt sich aus dem zunächst normalen Niederschlag ein prasselnder Starkregen, der sich immer mehr mit Eiskörnern mischt.

„Nichts Ungewöhnliches hier oben, gehört zu den häufigen Unwettern," brummt Prometheus, der sich öfter auf der Zugspitze einfindet, um sich mit seinem Freund Klimatos auszutauschen. Als Klimatologe gehört er zu der Art von Menschen, der sich — wie man so schön sagt — ,um nix scheisst‘ — d.h. der weder Tod noch Teufel fürchtet. Diese Eigenschaft ließ ihn als Wissenschaftler der Politik gegenüber zwar immer deutlich die Meinung sagen, aber — obwohl ihm dabei durchaus Respekt gezollt wurde — beachtet wurde sie trotzdem nur in Ausnahmefällen. Prometheus zeigt auf die geöffnete Tür des Raumes, in dem sie sich treffen wollten. „Da stehen die Drei, die uns gleich etwas erzählen werden, der Klimatologe Professor Dr. Klimatos mit dem Geowissenschaftler Erdmann und dem Versicherungsvorstand Dr. Pinkus."

Sie betreten den imposanten Saal, der durch seine Panoramafenster einen prachtvollen Weitblick ins Alpenvorland ermöglicht. Vor allem aber beeindruckt eine riesige digitale Weltkarte an einer der Wände, auf der eine Vielzahl leuchtender farbiger Punkte, Zahlen und Flächen zu sehen ist. Sie lässt einen fast die computergestützten Arbeitsplätze übersehen, die das technische Hirn der Anlage enthalten und die die jeweils angeforderten Themen bildhaft auf der Karte erscheinen lassen können.

„Hallo, meine Freunde," ruft Klimatos, „und ein besonders herzliches Willkommen für dich, Georg! Wie schön, dass das alles doch wieder gut geworden ist." Sie stellen sich, soweit erforderlich, untereinander vor und Klimatos meint, den beiden Jüngsten zugewandt, „Marie und ihren Freunden hier hat unsere Disziplin viel zu verdanken, ohne sie wäre es vielleicht gar nicht zu dieser Kompassreform gekommen ...."

„... nein, nein", unterbricht ihn Michel, „ohne die vielen Aktionisten, kritischen Bürger, Verbände und außerparlamentarischen Organisationen, muss es heißen! Wir haben allenfalls diese Idee nach besten Kräften unterstützt ...."

„... keine falsche Bescheidenheit," nimmt Klimatos seine Rede wieder auf, „die Kompassidee hat jedenfalls dem Gedanken, unsere Welt wieder intakt zu bringen, einen unglaublichen Impuls verliehen. Als ich das erste Mal davon hörte — bei der Kundgebung damals konnte ich leider nicht dabei sein — gab es für mich von Anfang an keinen Zweifel, dass sie gerechtfertigt ist. Schließlich ist die Forderung nach Vorrang für Natur und Mensch vor allem anderen von niemandem in Frage zu stellen. Und noch weniger Zweifel hatte ich daran, dass sich mit der politischen Nachweispflicht von Fortschritten aus objektiver Sicht endlich etwas bewegt — und zwar nicht irgendwohin, sondern in die richtige Richtung.

Ja, und zu welchen Ergebnissen man dabei kommt, kann diese Karte anzeigen, sie ist ein kleines Wunderwerk mit modernster Technik. Wir haben sie seit etwa acht Jahren und füttern sie ununterbrochen mit Daten, die uns von den Außenstellen übermittelt werden. Noch sind wir nicht soweit, dass wir für alle Staaten Ergebnisse in der erforderlichen Schärfe veröffentlichen können. Dort müssen wir uns bei der Darstellung der Fortschritte noch mit Abschätzungen behelfen. Für die Kernaussage über Erfolg oder Misserfolg der Politik reicht unser Material aber in der Regel aus."

„Was kann denn mit Hilfe dieses Wunderwerks alles aufgezeigt werden?" fragt Max neugierig.

„Bevor wir Ihnen das demonstrieren, sollten wir" und Klimatos bezieht Erdmann und Pinkus mit ein, „uns noch einmal kurz die Gründe in Erinnerung rufen, die für die umfangreiche Datenerhebung maßgebend waren. Vielleicht beginnen wir mit Einblicken in Ihren Fachbereich."

Erdmann sieht man schon an Gesicht und Haltung an, wo er sich vorwiegend aufhält, nämlich an der frischen Luft zu Lande und zu Wasser. „Ich komme gerade aus Westkanada und habe mir dort wieder einmal die riesigen Ölsand - Abbaugebiete angesehen, die dort immer noch betrieben werden. Auch heute noch ist entsetzlich zu sehen, was Landschaft und Umwelt da angetan worden ist, obwohl in einigen Bereichen ganz allmählich die Rekultivierungsmaßnahmen wirken, die auf Druck der Umweltverbände und der Öffentlichkeit angeordnet worden sind. Aber es wird noch lange, sehr lange dauern, bis die Wunden besser verheilt und die unglaublichen Verunreinigungen in Böden und Gewässern etwas abgebaut sein werden.

Ja, meine Aufgabe ist es, die ständigen Veränderungen auf unserem Planeten zu beobachten und seine Verletzungen zu dokumentieren — natürlich nicht allein, sondern mit unzähligen Mitarbeitern und Expertinnen, die mich von ihren weltweit verteilten Arbeitsplätzen aus mit den wichtigsten Daten versorgen.

Schon lange Zeit ist nicht nur Fachleuten klar, dass die fortdauernde Zerstörung des Bodens, seine Betonierung, Versiegelung und Vergiftung, der anhaltende Raubbau an Wäldern und die unaufhaltsame Vermüllung, Verstrahlung, Verseuchung und Überdüngung der Gewässer nicht als Qualitätssteigerung unserer Lebensgrundlagen bezeichnet werden können. Es gab Zeiten, in denen global Waldflächen von 40 Fußballfeldern verschwanden — nicht etwa pro Tag, sondern pro Minute! Die Hälfte der weltweiten Holzproduktion stammte aus illegalen Quellen und jährlich flossen zweistellige Milliardenbeträge in die Taschen der Holzmafia.

Quadratkilometer große Teppiche aus Öl — nehmen Sie nur das Nigerdelta in Afrika! —, Plastikschrott oder Radioaktivität in Meeren bedeuten nicht nur Krankheit und Tod für unzählige Lebewesen, sondern auch Riesengefahren für den Menschen. Die zunehmende und unkontrollierte Ausbreitung von toxischen und genmanipulierten Substanzen in Boden und Gewässern führt zu bedenklichen Einlagerungen in unserer Nahrung und damit in unseren Körpern. Mit Schwermetall belasteter Fisch, verstrahltes Wild, genmanipuliertes Getreide und mit Pestiziden behandeltes Gemüse führen zu Krebs- und Nervenkrankheiten, zu Unfruchtbarkeit und Tod von Menschen. Bodenversiegelungen, Bebauung und Raubbau an den Wäldern haben Erderwärmung, Überflutungen, fatale Stürme, immer weniger freie Landschaftsflächen und immer mehr unfruchtbares Land zur Folge. Die natürlichen Lebensräume, die der Mensch noch nicht genutzt hat, schrumpften immer stärker. Und aus den genutzten presst er mehr heraus, als auf lange Sicht verträglich ist. Die Wüstenflächen, die ohnehin schon über ein Drittel der Landflächen ausmachten, vergrößern sich weltweit von Tag zu Tag. Lehren aus vergangenen Katastrophen, wie etwa dem ‚dust bowl‘ 1935 über den großen Ebenen im Mittleren Westen der USA, wurden nicht gezogen. Durch diese Stürme, die die Reste fruchtbaren Bodens in den Himmel rissen, mussten hundert-tausende Farmer ihre Heimat verlassen, weil sie ihr Land falsch bewirtschaftet haben. Infolge der gnadenlosen Ausbeutung und Überdüngung von Böden sind seither immer wieder zahllose Menschen in den Ruin getrieben worden.

Dass diese Entwicklung bei einer immer noch wachsenden Weltbevölkerung höchst kritisch ist, liegt auf der Hand. Einen gewaltsamen Kampf um die letzten Ressourcen will jeder verhindert wissen ....“

„.... wobei zu diesen Gefahren noch die Auswirkungen der Klimagase kommen“, ergänzt der Professor, „die unsere Luft, die wir zum Atmen brauchen und die Atmosphäre, die als Schutzschirm unseres Planeten dient, in starkem Maße verändern. Die Luft wird mit Kohlendioxid, Methan und anderen Gasen erheblich angereichert, über den verstädterten, aufgeheizten Ballungsräumen ebenso wie über auftauenden Perma - Frostgebieten, über gedüngten Agrarflächen wie durch Millionen von Rinderdärmen. Und der frühere Schutzschirm unseres Planeten wurde entweder zerrissen, was sich als Ozonloch offenbarte, oder wird in Form einer dichten Schmutzpartikeldecke zur Hitzefalle. Auch diese Tatsache kann nicht als Qualitätssteigerung unserer Lebensgrundlagen bezeichnet werden. Sie trug mit anderen Ursachen zusammen zu einer so schnellen Erwärmung unseres Planeten bei, wie sie erdgeschichtlich noch nie beobachtet worden ist. Die gesundheitlichen Schäden, das Ansteigen des Meeresspiegels mit der Versalzung küstennaher Flächen und die Unwetterkatastrophen bedrohten die menschliche Existenz in unbeschreiblichem Ausmaß. Man hat schlicht die in sich bestehenden ökologischen Abhängigkeiten übersehen bzw. unbeachtet gelassen, die sich quasi im Verborgenen aufschaukeln. Werden sie erkennbar, ist es für Gegenmaßnahmen fast immer

196

zu spät. Die sich häufenden Naturkatastrophen und die wissenschaftlichen Ursachenerklärungen nahmen die Politiker damals zwar zur Kenntnis, änderten jedoch nichts an ihrem Handeln. ,Weiter so' war einer ihrer beliebtesten Wahlslogans."

„Vergleichbar übrigens mit den enormen sozialen Ungerechtigkeiten," schiebt Marie ein, „die damals in zahlreichen Ländern für Unruhe sorgten, die Menschen oft in die Arme zweifelhafter Prediger trieb und plötzlich unerwartet gewalttätige Ausbrüche und Terroranschläge mit sich brachten — auch sie änderten nichts am Handeln der Politik. Aber in der Natur wie im menschlichen Zusammenleben kann dieses unterschwellige Brodeln plötzlich zu einem gewaltigen Tsunami führen, der dann unvorstellbare Zerstörungskräfte frei setzt."

Jetzt schaltet sich Dr. Pinkus ein, der die Interessen der Versicherungen weltweit vertritt und berufsbedingt ein scharfes Auge auf die Ersatzleistungen versicherter Gefahren hat. „Schon Jahre vor der großen Katastrophe haben die Schäden durch besondere Wetterereignisse immer größere Ausmaße und Kosten erreicht. Einen Teil davon mussten die Versicherungen bezahlen, den anderen die Betroffenen selbst oder der Steuerzahler. Ohne dass dies für den Verbraucher bemerkbar geworden wäre — in jedem Produkt, in jeder Dienstleistung versteckten sich immer größere Anteile an Zinskosten für Kredite und Versicherungsbeiträge, die massiv zur Verteuerung beitrugen. Was die Versicherungsschäden anbetrifft, sprachen hier die Statistiken eine deutliche Sprache: die Abschätzungen zukünftiger Schadensentwicklungen konnten nicht vermuten lassen, dass der Finanzbedarf für die Regulierung der Verwüstungen sinken würde, ganz im Gegenteil! Dabei hätten bei rationaler Betrachtung der Probleme vernünftige Klimaschutzmaßnahmen nicht nur die Auswirkungen von Katastrophen vermindert, sondern auch erhebliche Einsparungen bei Brennstoffen und Gesundheitskosten gebracht. Es sollte eigentlich zum Allgemeinwissen gehören, dass das Vermeiden von absehbaren Schäden in jeder Beziehung immer günstiger ist, als ihre spätere Beseitigung."

„Trotz dieser offensichtlichen Tatsachen weltweit", fährt Erdmann fort, „verlangte die Politik immer wieder neue Gutachten und Untersuchungen, die jedoch nur bereits Bekanntes bestätigten. Längst wären politische Entscheidungen erforderlich gewesen! Es kam nicht dazu. Weder in Deutschland, noch international. Die meisten Politiker wussten um die Probleme. Sie redeten sie klein, sie logen, sie heuchelten, was das Zeug hält. Der Druck der Wirtschaft, die gegenseitigen Abhängigkeiten, der Nationalstolz, der Schutz auserkorener Personen, die Rücksichtnahme auf befreundete Präsidenten und die weit verbreitete Bestechlichkeit ließen kein rationales Handeln zu. ‚Sachzwänge' nannte man das. Die Zerstörung der Schöpfung wurde gleichmütig hingenommen, so, als wenn es zum Frühstück Tee statt Kaffee gibt. In früheren Zeiten — als die Abhängigkeit von der Natur den Menschen noch überlebenswichtig war, wurden Brunnenvergifter noch mit dem Tode bestraft! In den Zeiten vor der Kompassreform hingegen konnte man schon froh sein, wenn etwa bei leichtsinnig verursachten Öl- oder Atommüllverseuchungen von riesigen Landflächen oder ganzer Meere wenigstens überhaupt Anklage gegen die Verursacher erhoben wurde. Wenn allerdings der Richter sein Vermögen in Öl- oder Energieaktien angelegt hat, oder mit dem Firmenboss zusammen Golf spielte, half das auch nicht viel. Erst der massive Druck des Souveräns auf die Politik konnte hier Änderungen bewirken."

Professor Klimatos zieht das Wort wieder an sich. „Unmittelbarer Anlass für die Kompassreform war ja die verheerende Katastrophe in Deutschland und Europa mit unzähligen Toten und einem unvorstellbaren materiellen Schaden für Stadt und Land. Erst damit wurde den Menschen bewusst, dass sie ihren Lebensstil ändern müssen. Obwohl man — im Gegensatz etwa zu den Mayas in Yukatan vor mehr als 1000 Jahren — längst wusste, welch zerstörerische Auswirkungen menschliche Aktivitäten auf die Natur haben können, war das Unglück aber offenbar notwendig. Nur so konnten wohl endlich die Herzen der Menschen auch hier bei uns im sicher gewähnten Europa geöffnet und nur so konnte die bis dahin bestehende Blockade des Verstandes in den Köpfen gelöst werden. Schon Shakespeare wusste, dass es ‚oft der eigene Geist ist, der Rettung schafft, die wir beim Himmel suchen.‘

Erst jetzt wurde manchem klar, dass es Wichtigeres gibt als schnelle Autos, billige Klamotten oder der Urlaub in Australien. Und dass der edle Geländewagen in der Garage eben nichts wert ist, wenn er infolge einer auch durch seinen Gebrauch mit verursachten Klimakatastrophe überflutet und weg geschwemmt wird. Und dass es schlicht ausgemachter Blödsinn ist, Kinderspielzeug, Klaviere oder Hausrat Tausende von Kilometer entfernt ‚billig‘ zu produzieren und unter enormer Umweltbelastung nach Deutschland zu transportieren, zumal, wenn darüber hinaus bei uns gleichzeitig Arbeitsplätze wegfallen und der Bürger dafür auch noch den Importverkehr subventionieren und seine eigene Arbeitslosigkeit mit Sozialleistungen finanzieren muss. Und man begann manche Straßenbauten in Frage zu stellen, die wertvollen Flusstälern oder unersetzlichen Wäldern ihre ökologische Funktion rauben, nur damit dann auf der einen

Spur die importierten und auf der Gegenspur die für den Export bestimmten Tiere, Nahrungsmittel, Möbel oder Maschinen befördert werden können."

Die drei Wissenschaftler berichten weiter davon, dass dank der Kompass-politik nun alle Möglichkeiten genutzt werden, den riesigen Gebäudeleerstand zu nutzen und aufzuwerten, anstatt die freie Landschaft zu bebauen, mit neuen Arbeitsplätzen bisher vernachlässigten Landesteilen und Bevölkerungsgruppen Leben zurückzugeben, anstatt damit Ballungsräume noch fetter zu machen, den Grundnahrungsmittelbedarf mit regionaler Sortenvielfalt und biologischer Schädlingsabwehr zu decken, anstatt Monokulturen oder Massentierhaltungen mit Chemieeinsatz und hohem Transportaufkommen zu unterstützen, den Mindestanspruch eines jeden Menschen an Wohnraum, fairer Arbeit und Energie zu fördern, anstatt den Zugang dazu Investorenentscheidungen zu überlassen, die Meere als unersetzbare Nahrungsquelle zu schützen, anstatt sie zu plündern und mit Abfall jeder Art und überflüssigen Transporten zu belasten, die Erholungsgebiete frei von Megabauten, Verschmutzungen und Beeinträchtigungen zu halten, anstatt skrupellosen Geschäftemachern Immobilienprofite ohne Auflagen zuzuschanzen.

Schließlich macht Professor Klimatos einen Schritt auf die große Karte zu. „Wir können Ihnen hier auf dieser Datenlandkarte eine Menge demonstrieren. Vor allem natürlich innerhalb der Staaten, in denen sich die Bürger inzwischen die Kompassdemokratie erkämpft haben und deren Grenzen hier kräftig schwarz umrandet sind. Es war übrigens überraschend, wie groß in den meisten Staaten das Verlangen der Menschen nach einer wirklichen Demokratie, nach Frieden, nach Teilhabe, nach Gerechtigkeit und nach ökologischer Verantwortung ist. Sie sehen, dass die Kompassstaaten keine zusammenhängende Fläche umreißen und dass derzeit elf europäische, sieben amerikanische, neun asiatische und zwölf afrikanische Staaten bzw. Staatenpakte im Kompassverbund aufgenommen sind. Staatenpakte sind Zusammenschlüsse einzelner Staaten, die die Kompassziele allein nicht erreichen und sie deswegen gemeinsam mit anderen Staaten umsetzen wollen. Dazu gehören auch einige Zwergstaaten, sofern sie sich nicht in einen Nachbarstaat eingegliedert haben. Mit fünf weiteren Ländern aus Amerika und Asien werden gerade Beitrittsverhandlungen geführt.

In den Staaten, die die Kompassgrundsätze ‚Vorrang von Mensch und Natur vor wirtschaftlichem Profit' umsetzen wollen, werden durch Mitarbeiter des überstaatlich arbeitenden Dateninstituts die nach wissenschaftlichen Vorgaben erhobenen Daten ermittelt und an das Institut weitergeleitet. Wir können hier sowohl die aktuell gemeldeten Daten, wie auch alle bereits früher veröffentlichten Informationen darstellen."

„Nachdem was uns bisher erzählt wurde, hat die Politik damals vor der Katastrophe lediglich vordergründig den Nutzen, aber vor allem den Schaden des Volkes gemehrt", meint Max, „kann dies anhand der ermittelten Daten nachvollzogen werden?"

Der Professor greift nach der Fernbedienung für die technische Anlage. „Neben der erlittenen Katastrophe wird dieser Sachverhalt auch durch die Entwicklung der Datenlage in den Jahren vor diesem Ereignis bestätigt. Ich demonstriere Ihnen einmal den Zustand der Luftverunreinigung durch den Ausstoß von Emissionen und Klimagasen 20 Jahre vor dem Ereignis … und nun danach vor Beginn der Kompasspolitik … sehen Sie die Zunahme? … und nun hier, den heutigen Zustand nach dem Politikwandel … Sie erkennen die Abnahme. Sie können diese Informationen jeweils auf die einzelnen Staaten bezogen abrufen. Die Grafik über die Jahre hinweg zeigt die Geschwindigkeit der Zunahme und anschließend der Abnahme. Oder hier, das Thema Versiegelung: der Zustand der betonierten und versiegelten Flächen vor 20 Jahren," er klickt sich weiter voran, nun erschienen zusätzlich dunkelgraue Flächen, „die zusätzlichen Flächen vor Beginn der Kompasspolitik, und nun der heutige Zustand nach ihrer begonnenen Rekultivierung."

Mit großem Engagement und jungenhafter Freude an diesen technischen Möglichkeiten führte Klimatos der Besuchergruppe eine Vielzahl von weiteren Entwicklungen in den Kompassländern vor — bei den Flächen mit Bodenverseuchungen, den Gewässern mit Verschmutzungen, den bewaldeten Flächen, den nitratverseuchten Grundwasservorkommen, den Flächen mit Bodenerosion, den Abfallmengen, beim Energieverbrauch, beim Staatsvermögen, beim Waffenbestand, beim Verkehr, bei der Zahl von Gewalttätigkeiten, von Getöteten infolge Abgasen und Medikamenten, von durch Umweltgifte verursachten Erkrankungen, von Selbsttötungen, von verhungerten Kindern, von Rechtsverletzungen, von kinderlosen Paaren infolge Erbschädigung, von Notleidenden, von Vertriebenen, aber eben auch bei der wachsenden Zahl von fairen Arbeitsverträgen, beim Angebot unbelasteter Nahrungsmittel, von gut bewerteten Kliniken und Heimen, von mit dem Kompasssiegel ausgezeichneten Unternehmen, Geschäften, Bildungseinrichtungen oder Energieproduzenten.

„Sehen Sie die Unterschiede in den einzelnen Bereichen auch innerhalb Deutschlands? In manchen Landesteilen ist nicht viel passiert, in anderen eine Menge! Die optische Darstellung ermöglicht es, auf einen Blick zu sehen, wo den Grundsätzen zunehmend nachgekommen werden konnte und wo noch erhebliche Mängel bestehen, um die sich die Politik verstärkt kümmern muss. Auch in Ländern außerhalb Europas, egal ob sie bereits der Kompassallianz angehören oder nicht, haben wir Daten zusammengetragen, z.B. hier beim Thema Regenwald in Südamerika, Kanada, Afrika und Südostasien. Abgesehen von den naturrelevanten Problemen werden auch die radioaktiv verseuchten Areale zu Lande und bei Gewässern kartiert, da atomare Schädigungen ähnlich lebensbedrohend für die Menschheit eingeschätzt werden müssen."

Klimatos weist noch auf die Aufgaben hin, die die Bürger den Politikern mit Hilfe von Volksentscheiden übertragen haben und die ebenso wie die umweltrelevanten Themen mit Erfolg abzuarbeiten sind. Michel erläutert: „In Deutschland ist zwischenzeitlich erreicht worden, dass die Arbeitslosigkeit u.a. durch Verkürzung der Arbeitszeiten gesunken ist, die Kinderbetreuung kostenlos ist, eine der Lebensleistung angemessene, würdige Altersversorgung gesichert ist, die Qualität der Nahrungsmittel gestiegen ist, gleicher Lohn für gleiche Arbeitsleistung gezahlt wird, und anderes. Auch diese gesellschaftlichen Ansprüche werden von Menschen nahezu in jedem Land der Welt angestrebt ..."

„... wir haben deswegen", nimmt Klimatos den Ball wieder auf, „in Ländern, die noch ohne Kompass arbeiten, abgeschätzt, inwieweit dort lebenswichtige Grundsätze erfüllt sind. Je größer die Abweichungen von den Kompassnormen sind, um so weniger verwunderlich ist es, wenn Menschen dort keine Bleibemöglichkeit mehr sehen und auswandern wollen oder müssen. So erklärt sich die Zahl der Flüchtlinge weltweit, die vor der Katastrophe fast eine Milliarde Menschen ausmachte. Nun zeichnet sich ein Rückgang ab, ein vorsichtiger Hinweis darauf, dass sich die Situation auch in schlechter gestellten Länder allmählich verbessert."

Als ehemaliger und derzeitiger Politiker haben Georg und Darwin den Ausführungen interessiert gelauscht. Darwin kennt das Institut natürlich bereits von früheren Besuchen. „Man muss sich natürlich vor Augen halten, dass das Volk den Kompasspolitikern zwar eine unmissverständliche Richtung vorgegeben hat, dass aber die erforderlichen Veränderungen in der Praxis mühselig waren. Vor allem sollten sie möglichst ohne allzu große Einschränkungen bei den Lebensabläufen der Bürger umgesetzt werden. Der Zeitbedarf darf nicht unterschätzt werden, der für das Wirksamwerden neuer Spielregeln in Wirtschaft und Gesellschaft erforderlich ist, selbst wenn kluges Konfliktmanagement unterstellt werden kann. Immerhin haben es unabhängige Forscher geschafft, breitere Brücken zur Politik zu schlagen und finden bei ihr damit heute auch dank ihrer Objektivität mehr Gehör. Trotz der Kompassvorgaben können etwa neue Eingriffe in die Natur nie ganz vermieden werden, allerdings sind sie dann durch Maßnahmen an anderer Stelle wieder auszugleichen."

An die beiden Nachwuchspolitiker gewandt, fährt er fort, „wenn Sie uns das nächste Mal besuchen — vielleicht in ihrer neuen Rolle als Abgeordnete — können wir Ihnen die aktuellsten Daten auf unserer Karte vorlegen. Dabei könnte u.U. schon das ‚Grüne Netz‘ erkennbar werden, an dem in Deutschland seit Jahren geplant und teilweise schon gebaggert wird. Innerhalb des Planungsgebietes werden ausgeräumte Landschaften, ehe-

malige Kohleabbauhalden und die öden Einheitsforste verschwinden, der echte Urwald — in Deutschland bevorzugt mit
Buchen — soll allmählich zurückkehren. Die naturbelassenen,
die entsiegelten und entgifteten sowie die als Wildnis zu be-
zeichnenden Landschaftsteile sollen möglichst ohne trennende
Barrieren miteinander verknüpft und ökologisch aufgewertet
werden. Flora und Fauna wird so zu ihrer freien Entfaltung
wieder ein Teil ihres Lebensraums zurückgegeben, der dann
auch Positives zum klimatischen Ausgleich beitragen wird."

Michel erinnert sich an die Zeit nach der öffentlichen
Kundgebung zur Kompasspolitik, als er mit Marie und den Aktionisten beobachtete, wie mühselig es war, diese Idee tatsächlich umzusetzen. „Wir hatten sogar noch nach der verheerenden
Katastrophe das Gefühl, das manche Menschen die Kompassreform als esoterische Spinnerei oder als unbegründete wirt-
schaftsfeindliche Fundamentalkritik abtun wollten."

Professor Klimatos lacht. „Ja, daran kann ich mich auch
erinnern. Dabei sollte es damals — zumindest nach der Veröffentlichung des ersten Kompassberichts — eigentlich jedem
Menschen klar sein, dass ein ‚Weiter so' in den Abgrund führen
muss. Historisch gesehen hat der Mensch seiner Umwelt aus
den verschiedensten Gründen zwar auch des öfteren erhebliche
Wunden geschlagen und damit bereichsweise sein Überleben in
Gefahr gebracht — die weltumfassenden Eingriffe und Zerstörungen vor dem Desaster stellten jedoch alle Schäden davor in
den Schatten. Vor dem Hintergrund des gleichzeitig vorhandenen riesigen Reservoirs an Wissen und Lösungsmöglichkeiten
war das eigentlich rational nicht mehr nachzuvollziehen. So
verheerend sich auch Auseinandersetzungen, Ungerechtigkeiten
und Finanzdebakel auf die davon betroffenen Menschen aus-

wirken — sie sind nichts gegen die tödlichen Naturgewalten. Wenn der Mensch hier nicht gegensteuert, sägt er sich erfolgreich den Ast ab, auf dem er sitzt. Insofern hat die Reform mit Spinnerei nichts zu tun, es gibt schlicht und einfach keine andere Wahl, unsere Haut und unser Überleben auf diesem Planeten zu retten."

Hier werden sie unterbrochen durch eine entschieden in den Raum tretende junge Dame „meine Herren, Sie werden erwartet!"

Die drei Wissenschaftler wenden sich der Gruppe zu. Klimatos entschuldigt sich mit der nun folgenden nächsten Besprechung mit Abgesandten eines weiteren kompassinteressierten Landes. „Wir wünschen Ihnen viel Erfolg bei ihren politischen Ambitionen und eine glückliche Hand. Die Kompassvorgaben werden Ihnen viel Kreativität bei ihren Beschlüssen abfordern, Sie werden dies ja schon bei Darwin und den in den letzten Jahren agierenden Politikern mitbekommen haben."

Einigermaßen beeindruckt durch die unschlagbaren Belege über den Zustand der Welt und den Erfolg der politischen Entscheidungen in den Kompassländern bei der Verbesserung der Überlebenskriterien streben sie dem Gipfelbahnhof zu und lassen sich von der Zahnradbahn wieder ins Tal zurückbringen.

10 Königlicher Hirschgarten
Nachlese

Es ist Spätvormittag und kleine weiße Wolken schweben am blauen Himmel — ein Tag wie geschaffen für Münchner, einen Biergarten aufzusuchen. Als die Gruppe gestern nach Hause fuhr, hatten die Teilnehmer noch ausgemacht, sich heute hier zur Nachlese ihrer Rundtour unter den großen Eichen und Kastanien beim Hirschwild zu treffen.

In kurzen Abständen trudeln sie im Park ein, zuerst Prometheus und Georg, dann Marie und Michel und fast gleichzeitig Sophie und Max. Sie suchen sich einen Tisch im Halbschatten und der Nachwuchs schlägt vor, sich schon einmal die ersten Krüge an der Schenke füllen zu lassen. Unterdessen kommt auch Darwin, als tätiger Politiker immer in Eile und deswegen meistens etwas verspätet. Trotz der für Manche zum Biertrinken noch frühen Stunde sind bereits viele Tische besetzt, einige von mehreren Personen, andere von einzelnen, die sich in ihre Zeitung vertiefen.

Georg verleiht nochmals seiner Freude Ausdruck über die ihm gebotene Information zur Kompassdemokratie aus erster Hand. „Ich kann nur wiederholen, dass ich es immer noch kaum fasse, wie konsequent und schnell auf einmal eine faire Politik für alle umgesetzt werden konnte. Und dass lediglich drei Kernelemente ausreichen — Regierung haftet für Erfolg ihrer verfassungsgemäßen Mindestpflichten, Bürger überwachen die Fortschritte dabei und Gericht beaufsichtigt und schützt neutrale Faktenerhebung —, um die damalige Demokratie gleichzeitig zu erhalten wie entscheidend zu qualifizieren. Wäre die immer schon bestehende Aufgabe der Politik, die Schöpfung zu bewahren und das Wohl der Menschen zu mehren, damals freiwillig erfüllt worden, hätte es weder die nun durchgesetzte Verpflichtung dazu noch das Unglück geben müssen …“

„… ohne das Umweltdesaster wäre vielleicht bis heute
nichts geschehen“, geht Marie dazwischen, „und ohne die Verzweiflung der Menschen darüber, wie hilflos sie diesen entfesselten Urmächten ausgeliefert sind und damit Tod oder Verluste
hinnehmen müssen, hätten sie ZEUS nicht um Beistand gebeten
und sich schon gar nicht seine Empfehlungen zu eigen gemacht.“

Darwin stimmt zu und fährt fort: „Natürlich empfanden
viele Bürger die Maßnahmen der ersten Kompassregierung zunächst einmal doch als Schock und mancher gab für die Vorgabe, auf liebe Gewohnheiten verzichten zu müssen, auch der
neuen Politikerkaste die Schuld, die mit ihrer Unerfahrenheit
auch Fehler gemacht hat. Zum Glück hatten wir bereits in den
ersten Jahren einen enormen Zulauf von erfahrenen Personen
aus Parteien, die sich damals schon mit hohem Engagement um
Umwelt, um Soziales und um die Stärkung von Wirtschaftskraft
und Kultur im Nahbereich gekümmert haben. Im Lauf der Zeit
sahen immer mehr Leute ein, dass es sich eigentlich von selbst
versteht, dass die Menschheit mit mehr Dreck, mehr Beton,
mehr Gestank und mehr Kriegen keine Zukunft hat — zumal
wenn die Weltbevölkerung trotz Erbgutschäden weiter wächst
und unser Planet nur begrenzt belastbar ist. Wenn mit schädlichen Aktivitäten das Wohl aller zerstört wird, können auch
Wohlhabende keine Rettung erwarten. Würden Regierungen
eine solche Entwicklung weiterhin zulassen, wären sie fehl am
Platz. Ihre Weiterbeschäftigung war daher zuverlässig auszuschließen …“

„… deswegen entzog endlich die mit Hilfe von ZEUS erstmals gewählte Kompassregierung …" — Prometheus ist wieder in seinem Element — „… den durch Betrug und Korruption fett gewordenen räuberischen Haien in den trüb gewordenen Gewässern die Dopingmittel — so konnte das Wasser endlich klarer werden und kleinere Fische hatten wieder eine Chance …"

„… die sie mit erstaunlicher Kreativität und großem Erfolg nutzen. Wie die Natur schon lehrt, ist nachhaltiges Überleben nur möglich, wenn man sich dem ständigen Wandel aussetzt und sich ihm anpasst. Es ist ja vielfach belegt, wie schnell übergroße Einheiten versteinern und an Flexibilität und Kreativität verlieren. Das war sowohl bei Riesenstaaten wie bei Mammutkonzernen immer wieder der Fall, die — um ihre Macht aufrecht zu erhalten, die Menschen als hilflos Abhängige unterdrückt und versklavt haben. Ihr sicherer Untergang war vorprogrammiert. Und dieses Schicksal ereilte eben dann auch das Krakenmonster der profitversessenen Pseudodemokratien.

Mit dem politischen Wandel mussten wir also der Mehrung des Wohls der Menschen vor ihrem Raffen nach Profit Priorität einräumen. Dazu gab es in der Tat keine Alternative. Abgesehen von den kartierten Erfolgen beim Schutz von Natur und Mensch, die uns auf der Zugspitze vor Augen geführt worden sind, hat der Kompasswandel aber noch andere Folgen, deren Wert mit dem politischen Wandel erst allmählich erkannt wurde …"

Marie nutzt die kleine Pause und greift ein: „… den Bürgern wurde mit der politischen Praxis immer mehr bewusst, dass sie es nun selbst sind, die die Politik bestimmen, und nicht mehr die Gelddrucker, die Großwirtschaft, religiöse Gruppen oder Parteitagsbeschlüsse. Ihr langsam wachsendes Selbstvertrauen führte ihnen vor Augen, dass sie zum wirklichen Souverän wurden, sie konnten nun gemeinsam die politischen Entscheidungen beeinflussen, sie konnten endlich den Mächtigen die Stirn bieten, die damals immer häufiger gegen ihre Belange regierten oder regieren ließen. Damit wurde auch ein Ende des Phlegmas erreicht, das damals die Bürger von einer Einmischung in die Politik abhielt, da sie sich von vorne herein kaum Chancen auf Gehör erwarten durften. Der damals den Bürgern entfremdete Staat wurde zunehmend zu ihrem eigenen Staat, der ihnen als Förderer ihres Wohls und als Anwalt ihrer Interessen zu Diensten ist. Kritische Stimmen zu Umweltschutzauflagen wurden leiser. Eine wachsende Zahl von Menschen verurteilt nun auch die damalige Rechnerei zur Frage, was noch alles kaputt gemacht werden kann, um Profit zu machen. Sie sehen ein, dass es uns unsere Kinder danken werden, wenn wir ihnen möglichst viel erhalten und dabei die noch vorhandenen Reserven so groß und unangetastet wie irgend möglich lassen. Durch die vorgenommenen Veränderungen mit ihren klaren Vorgaben und das breite Bemühen um ein gerechteres Miteinander fanden die Bürger allmählich das verloren gegangene Vertrauen in Politik, Justiz und Wirtschaft zurück."

Darwin nickte zustimmend. „Das wohlhabende Deutschland mit seinen kreativen Bürgern hat mit der Installation der ersten Kompassregierung eine Vorbildfunktion übernommen, die in kürzester Zeit durch weitere Staaten geteilt wurde. Sobald diese Hürde genommen war und damit die Kompassbasis bei den Menschen Anerkennung fand, verbreitete sich diese Information bei den Menschen überall in der Welt wie ein Lauffeuer. Obwohl hinter der Kompassidee eigentlich nichts anderes steck-

210

te, als eine konsequente Umsetzung von Vorgaben aus den Verfassungen, die in Demokratien schon längst hätten vollzogen sein können, erzeugte dieser Vorschlag natürlich bei vielen Altregierungen blankes Entsetzen. Sie sahen schlicht ihre Macht bedroht. Nach den zwischenzeitlich vergangenen Jahren kann gesagt werden: zurecht! Es ist ja kein Geheimnis, wie sich Regierungen oft ihre Macht errungen und erhalten haben und deswegen bedeuteten die Kompassbedingungen für sie meistens das Wegbrechen eingefahrener, bequemer und vor allem krummer Gewohnheiten. Immer mehr Bürger beobachteten die Geschicke der jungen Kompassländer sehr genau und zeigten großes Interesse daran, auch ihr Regime die Erfolge bei der Mehrung ihres Wohls aufzeigen zu lassen sowie an der Politik aktiv mitwirken zu können. Sie wollten auch entschieden nicht mehr akzeptieren, dass die Politiker gleich nach ihrer Wahl machen, was sie wollen und gleichsam wie die Mäuse auf dem Tisch tanzen, sobald die Katze aus dem Haus, bzw. die Wahl vorüber ist. Immer mehr haben deswegen längst erkannt, dass Parteispenden selbstverständlich entsprechende Gegenleistungen zur Folge haben und daher Wahlen als fast einzige Einflussnahme von Bürgern auf die Politik von vorne herein undemokratisch sind.

Die zur Kompassallianz gehörenden Staaten profitieren inzwischen von der Globalisierung der dauerhaft gültigen Grundwerte. Andere, die ihre Existenz vor allem durch intransparente finanzielle Machenschaften — auch mit Hilfe von Banken — ergaunert hatten, mussten mit der zunehmenden Zahl der Kompassstaaten ihre Selbständigkeit aufgeben, da ihre Geschäftsmodelle in einer gerechteren Welt keinen Bestand mehr hatten und damit ihren Untergang bewirkt hätten. Alle übrigen, die die Kompassregeln nicht übernehmen wollten, schnitten sich vom Handel mit den aufstrebenden Kompassstaaten ab, waren so dem Unwillen ihrer Bevölkerung und ihrer Wirtschaft ausgesetzt und müssen daher um ihr Überleben bangen. Wie Professor Klimatos gestern sagte, besteht die Kompassallianz derzeit aus 39 Staaten und mit weiteren laufen Verhandlungen.“

„Da eben nicht Geldmengen und unnötiges Wirtschaftswachstum das Wohl des Volkes verbessern,“ ergänzt Michel, „sondern ausschließlich Strukturverbesserungen im Sinne der ZEUS - Grundsätze mit einer gerechteren Verteilung des Wohlstands, hat sich jeder Staat mit dem Kompass darauf zu verpflichten. Damit befreit er sich gleichzeitig auch von unseligen Abhängigkeiten, was erst eine vertrauensvolle und zuverlässige Zusammenarbeit der Kompassstaaten ohne die damaligen gegenseitigen Schuldzuweisungen ermöglicht. Staaten, die sich den Wechsel zur Kompasspolitik allein oder mit anderen Staaten zusammen nicht zutrauen, können um versierte Berater oder Patenschaften nachsuchen. Infolge der Mitwirkungsmöglichkeiten der Bürger haben einige Staaten — etwa im Nahen Osten — sogar um des Friedens Willen ihre Grenzverläufe verändert, um den gegebenen ethnischen Strukturen besser Rechnung tragen zu können. Wirtschaftsleistungen, die über die Grundansprüche eines Landes hinaus die zahlreichen zusätzlichen menschlichen Wünsche befriedigen, bleiben dem internationalen Handel zwischen den Kompassstaaten unter Beachtung ihrer Regeln überlassen. Auf Grundlage dieser Vorgaben wird nun bereits viele Jahre gearbeitet und das mit wachsenden Vorteilen für Mensch und Natur.“

„Noch zu meinen aktiven Zeiten vor meinem Koma" sinniert Georg, „beschrieben manche Schlauberger die Welt als ein Dorf und waren voll des Lobes über die damalige Globalisierung. In einem Dorf gebe es auch einen gemeinsamen Lebensraum, der Kaufmann erfülle die Bedürfnisse der Bewohner, sie haben miteinander auszukommen und Grenzen seien überflüssig. Diejenigen, die nicht dieser Ansicht waren und die damalige Globalisierung schmähten, stellten sie als provinziell und hinterwäldlerisch hin und wollten damit diesen Kleingeistern ihre Weltläufigkeit demonstrieren.

Erst das Klimadesaster musste ihnen aufzeigen, welch fatalem Irrtum sie aufgesessen sind. Wenn sie schon ein Dorf gesehen oder besser, darin aufgewachsen wären, hätten sie schon damals gewusst, wie sich die Dorfbewohner untereinander mit großer Kritikfähigkeit beobachten, wie sie ihre Umgebung mit ihren Lebensgewohnheiten und ihrer Kultur in Anspruch nehmen, wie sie allem Neuen, Großen und Fremden gegenüber mit deutlicher Zurückhaltung begegnen, wie der Kaufmann keineswegs immer ihre Wünsche erfüllt und wie gerade Zäune eine friedenswahrende Aufgabe haben können. Diese Lebenswirklichkeit zeigt, wie schwer Frieden sogar in einem Dorf zu halten ist, das zusätzlich aber mit Dorfbürgermeister und evtl. sogar Dorfrichter ausgerüstet ist. In der großen Welt jedoch mit den unterschiedlichsten Menschen und Kulturen, mit einem profitorientierten unfairen Markt, aber ohne Grenzen, ohne politische Ordnung und ohne Gerichte fair und friedlich auskommen zu wollen — das sollte eigentlich auch der Einfältigste als unmöglich begreifen können. Diese Gegebenheiten öffnen den Schwächen der Menschen und damit den Räubern Tür und Tor. Das Desaster hat ja bewiesen, was dadurch angerichtet worden ist. In keiner Weise zukunftsfähig wäre allerdings auch eine Renaissance von auf sich bezogenen und von einander abgeschotteten Nationalstaaten, die sich im vermeintlich eigenen Interesse mit Hilfe von Barrieren der verschiedensten Art verweigern, die zunehmenden Herausforderungen unserer Welt gemeinsam lösen zu wollen.

Deswegen ist der ZEUS Vorschlag für eine qualifizierte Form der Demokratie mit Grundsätzen, die in allen Ländern weltweit umgesetzt werden können, die einem Auseinanderfallen der Gesellschaft entgegenwirkt und damit eine zunehmende Öffnung von Grenzen ermöglicht, längst überfällig. Unnötiges Leiden, unnötige Verwüstungen, unnötige Kosten wären nicht entstanden, hätten die Menschen schon damals ihr Politiksystem überdacht."

Max wendet sich an Sophie: „Hast du den Eindruck, dass uns als Bürger in einem Kompassstaat eine Weltoffenheit verwehrt wird? Obwohl es zur Zeit noch Staaten ohne Kompass gibt?"

„Überhaupt nicht," sagt Sophie, „wenn ich die Geschichten von früher den heutigen Möglichkeiten gegenüberstelle, entsteht erst durch die Kompassdemokratie langsam eine Welt, die das damals offenbar weit verbreitete Mistrauen zwischen Menschen, Staaten und Institutionen zunehmend durch gegenseitiges Vertrauen ersetzt. Gerade durch die unbeeinflussbare Richtungsanzeige des Kompasses, der das Abgleiten des politischen Handelns ins Unzulässige verhindert, haben sich die Perspektiven geweitet, die für ein befriedigendes Menschenleben ausschlaggebend sind. Die eingeführten Regeln zur Vermeidung von Schäden — egal ob Strafen, Kontrollen oder Auflagen — empfinde ich also nicht als Hürden, sondern als Voraussetzung für Freiheit und Weltoffenheit. Sie geben uns Menschen mit unseren Schwächen eine sichere Orientierung und zeigen konkret auf, was noch verbessert werden muss, damit wir eine Zukunft haben."

„Wenn ihr die Geschichten von früher nicht nur gehört, sondern erlebt hättet," fährt Prometheus fort, „also wie damals die Politik über offensichtliche Missstände einfach so hinweggesehen — ja sie sogar noch gefördert hat, würdet ihr das nicht fassen können. Und sogar nach dem Politikwandel glaubten manche Firmenbosse, Richterinnen oder Händler noch, dass sich nichts geändert hätte und die Kompassvorgaben nicht ernst genommen werden müssten. Der Ärger der Bürger, die engagierte Arbeit der freien Presse und der Schlichter sowie die gerechten Urteile der Justiz haben dann dazu geführt, dass die uneinsichtigen Leistungsträger bald ein alternatives Leben als Putzhilfe, Hilfsbademeisterin oder Kioskbetreiber auskosten durften. Es gibt leider eben immer Menschen, die erst durch Strafen zur Räson gebracht werden können. Diese Verfehlungen nahmen dann aber nach weiteren, in der Presse ausgeleuchteten Fällen erstaunlich schnell ab — auch in vielen anderen Fällen zeigten sich ähnliche Erfolge. "

Darwin setzt sein Glas ab und versucht, seine langjährigen Erfahrungen in der Politik zusammenzufassen. „Ich denke, dass die Kinderkrankheiten überstanden sein sollten, die der politische Richtungswechsel zur Staatskunst mit dem Kompass mit sich brachte. Die Katastrophe hat bewirkt, dass die Menschen eingesehen haben, was zukünftig nicht mehr passieren darf — nämlich eine unbedachte Zerstörung unseres Planeten — und was für das Zusammenleben in unserer Welt wirklich Priorität hat — nämlich uns Menschen die Grundbedingungen für ein auskömmliches Leben bereitzustellen, die ein Einzelner allein nicht schaffen kann. Sie haben eingesehen, dass jedes politische Handeln Fortschritte im Sinne des Kompasses machen muss und dass die in uns allen steckenden menschlichen Schwächen es niemals zulassen würden, dies ohne ein dafür geeignetes strenges Gerüst zu erreichen.

Zwischenzeitlich haben die Bürger in vielen Staaten ihre Politiker auf den Kompass verpflichtet, in anderen bemühen sie sich darum. Wesentlichen Anteil an ihrem positiven Engagement für den Politikwandel hat die Transparenz im gesellschaftlichen Miteinander und die Neuordnung von Verantwortung, die auch die bisher verschonte Gruppe von Politikern, Richtern, Wirtschaftsführern und anderen früher Unberührbaren in die Pflicht nimmt. Da die Zukunftsaufgaben höchste Kompetenz erfordern, können sie nur von dafür geeigneten, klugen politischen Köpfen übernommen werden. Alle anderen würden keine Kompassfortschritte erzielen und damit ihre politische Laufbahn auf dem Schafott beenden müssen, das das Volk bzw. der Kompassgerichtshof für sie bereit hält.

In allen Kompassstaaten nimmt der unanständige Reichtum Weniger ab, der Wohlstand Vieler ist angeglichener und das Wohl aller Bürger konnte umfassend gemehrt werden: immer mehr Menschen sehen ihre Grundwerte gewahrt, ihre natürlichen Lebensgrundlagen geschützt und ihre gerechtfertigte Teilhabe am gesellschaftlichen Leben gesichert. Immer mehr wird die öffentliche Meinung wieder den Fakten angepasst und nicht der Sachverhalt einer veröffentlichten Meinung. Die ärmeren Staaten in der Kompassallianz verbessern ohne ungebetene Einmischung — aber mit Hilfe der reicheren, die mehr Verantwortung zu übernehmen haben — ihren Zugang zu Wasser,

Nahrung, Arbeit und Recht, bauen Bildungsmöglichkeiten und Wissensaustausch aus und können deswegen langsam auch religiös motivierte Vorurteile abbauen sowie ihre Überbevölkerung allmählich eindämmen. Die gewaltigen Schäden, die damals der Nachwelt aufgebürdet worden sind, werden allmählich abgetragen.

Innerhalb der Kompassallianz der Staaten mit ihrer fairen Kooperation untereinander sind die sich bessernden Lebensbedingungen aller Menschen für jeden Ansporn und Perspektive. Jeder Einzelne profitiert von den Vorteilen, wenn er seine Aktivitäten an der Kompassrichtung orientiert. Der grundlegende Wandel des Bewusstseins, die größere Zufriedenheit der Menschen und die Hintanstellung fragwürdiger nationaler Eitelkeiten oder religiös begründeter Machtansprüche lassen Kriege und Terroranschläge allmählich verebben. Die Abnahme der intransparenten Korruption befördert den Frieden und den Reichtum der Länder. Außenpolitische Kraftmeiereien, die damals oft von innenpolitischem Versagen ablenken mussten, werden wegen der für jeden sichtbaren Kompassentwicklungen überflüssig. Ein Entstehen neuer Diktaturen oder Revolutionen ist infolge der Kompassallianz der Länder kaum mehr denkbar. Mit der zunehmenden Zahl der Kompassstaaten wird eine Art Globalisierung des guten Geistes und des Anstands erreicht, die sich positiv auf alle Handlungen der Bürger auswirkt und ihnen ihre persönliche Freiheit garantiert.

Auf lange Sicht werden die Staaten ohne Kompass weder dem Druck ihrer eigenen Bevölkerung noch ihrer Wirtschaftsunternehmen widerstehen können, die auch im eigenen Land die Wertekultur und die nachhaltige Leistungsqualität der Kompassstaaten realisiert sehen möchten und daher mit ihnen faire

Handelsbeziehungen aufnehmen wollen. Sie werden keine Chancen haben gegen die Kompass - Staaten, die nicht gegeneinander, sondern miteinander daran arbeiten, ohne Nachteile für Mensch und Natur die Herausforderungen der Zukunft zu meistern.

Immer wird der Mensch seine Welt verändern. Aber jeden Tag muss darauf geachtet werden, dass es dabei möglichst gerecht zugeht und dass die Veränderungen verträglich bleiben. Alle Behauptungen wurden Lügen gestraft, die ein Wohlergehen der Menschen in Frage stellen wollten, sollten Anstand und Fairness befolgt werden. Aus den Verlierern Politik, Justiz und Volk in der Vergangenheit sind nun Gewinner geworden: die Politik, weil sie ihren Pflichtaufgaben nachkommt, die Justiz, weil sie frei von fragwürdigen Gesetzestexten, Einfluss oder Zeitnot nach Gerechtigkeit suchen darf und das Volk, weil es die Mehrung seines Wohls anhand objektiv ermittelter Fakten mit verfolgen und mit beeinflussen kann. Die Wirtschaft hat zwar ihre diktatorische Vormachtstellung aufgeben und sich mit den Kompassvorgaben abfinden müssen, aber schnell und flexibel ihre neuen Handlungsfelder zum eigenen Vorteil besetzt. Bereits die bisher entstandene Allianz der Kompassstaaten zeigt, wie mit ihren verpflichtenden Regeln gleichzeitig die ländertypischen Eigenarten bewahrt und gestärkt und gerade dadurch ein festes Fundament für eine Globalisierung mit Vorteilen für alle geschaffen werden konnte."

Sophie und Max schauen sich an und scheinen aufgrund ihrer persönlichen Erfahrungen mit der praktizierten Politik mit dem Gesagten einverstanden.

„Mich würde zum Schluss doch interessieren," fragt Max nachdenklich, „ob — trotz Sophies Zweifel vorhin — der er-

folgte Politikwandel nicht doch hätte durchgesetzt werden können, bevor die Katastrophe damals eingetreten ist. Wären die
Chancen für einen Politikwandel wirklich ausgeschlossen gewesen?"

Als Ältester in der Runde fühlte sich Prometheus berufen,
darauf zu antworten. „In der Tat war damals die Unzufriedenheit der Bürger mit ihren Politikern groß. Die Wahlbeteiligung
ging über die Jahre ständig zurück, in Deutschland erreichte sie
kaum noch 50%, in anderen Ländern oft noch weniger. Das
Machtgefüge im Hintergrund und die Unzufriedenheit der Wähler im Vordergrund laugte die Politiker so aus, dass ihre Gesichter die Müdigkeit und Kraftlosigkeit kaum noch verbergen
konnten. Trotz Versprechungen, Beschwörungen und vorgespielter heiler Welt durch Parteien und Medien gelang es nicht
mehr, die Wähler zu überzeugen. Immer mehr Bürger mussten
wahrhaben, dass Politik und Gesetze die vielfältigen Anschläge
auf Anstand, Gesundheit und Leben nicht verhindern, sondern
vorsätzlich zulassen, um den Profiteuren zu Diensten sein zu
können. Das Vertrauen in staatliche Institutionen schien daher
grundlegend zerstört. Immer mehr Enttäuschte kündigten ihre
Parteimitgliedschaften auf. Die Proteste auf den Straßen nahmen zu und verstärkten sich, als immer mehr Vertriebene aus
fernen, zerbombten oder unwirtlich gewordenen Ländern Zuflucht suchten. Gewalttätigkeiten häuften sich aus den verschiedensten Gründen, es war Frust der Menschen über gefühlte,
aber auch tatsächliche Missstände. Ein Zeichen für die zu oft
von der Wirklichkeit abgehobene Politik war auch der Wählerwechsel zu neuen Parteien; dabei ging es den unzufriedenen
Bürgern oft weniger um die Programme der Piroggen-, Sonntags- oder Wurstpartei, sondern vor allem darum, den etablier

ten Parteien ihren Protest zu zeigen. Ob bewusst oder unbewusst — immer mehr Menschen hatten das Gefühl, dass ihr persönlicher ‚Hans im Glück‘ bereits eine Menge schlechter Tauschgeschäfte hinter sich hat und es nicht mehr lange dauern würde, bis auch der ihm noch verbliebene schwere Mühlstein ins Wasser fällt.

Jedenfalls war es damals schwer vorstellbar, dass die von den globalen Profiteuren gegängelte Politik in ihrer zuverlässigen Uneinigkeit und Erpressbarkeit die zunehmende Zerstörung unserer Welt oder die vielen Kriege hätte beenden können. Jeder wusste, dass wir drei Erden gebraucht hätten, um den Lebensstil der wohlhabenden Länder weltweit einführen zu können. Deswegen hätten sich die Überlebenschancen unserer Nachwelt auch ohne Klimadesaster kontinuierlich verschlechtert.

Ob diese bedrohliche Entwicklung eines Tages Anlass für eine Qualifizierung der demokratischen Staatsform hätte sein können? Ob der Mensch immer erst ein Unglück erleiden muss, bevor er sich besinnt? Ob sich die Menschen in den reichen Staaten trotz der drohenden Risiken tatsächlich nur den eigenen Bauch voll schlagen und damit vorsätzlich die Lebensbedingungen der armen Länder und damit eben auch die ihrer eigenen Kinder verschlechtern wollen?

Wäre damals etwa — veranlasst durch die wenigen von der Politik unabhängigen Medien oder durch andere sich dazu berufen Fühlende — bei uns in Deutschland ein Probelauf organisiert worden, der die entscheidenden Entwicklungen bei den Kompassgrundsätzen innerhalb einer Legislaturperiode aufzeigt, hätte belegt werden können, dass klimabezogene Gefährdungen und das Vermögen Weniger ungebremst wachsen, der fruchtbare Reichtum der Natur und das Wohl der überwiegenden Zahl der Menschen hingegen beständig abnimmt. Da aber die Politik schon immer die Pflicht hatte, das Gegenteil dessen zu erwirken, hätte dies schon damals ihr riskantes und undemokratisches Handeln aufgezeigt und ein Umdenken erforderlich gemacht, so dass das Klimadesaster vielleicht noch hätte verhindert werden können ...“

„... selbst wenn die Äußerungen damals im Hotel Kompasshof völlig jenseits der Realität gelegen hätten,“ ergänzt Marie beim Gedanken an das damalige Geheimtreffen, „und selbst wenn die Katastrophe nicht eingetreten wäre, weil sich der Klimawandel harmloser als gedacht erwiesen hätte — auch dann wäre eine grundlegende Veränderung des politischen Systems überfällig gewesen! Es gibt keine wichtigere Aufgabe für die Politik, als uns Menschen Lebensraum und Frieden zu bewahren. Und allein die Kompassdemokratie ermöglicht es, für jedermann sichtbar die Bewegung in diese Richtung mitzuverfolgen.“

„Ob aber der gordische Knoten, geflochten aus der Diktatur des Geldes und den internationalen Abhängigkeiten des globalen Interessenskartells“, sinniert Darwin, „von den Regierenden der Staaten gelöst hätte werden können? Ob überhaupt der Wille und die Kraft da gewesen wäre, sich gegen die Phalanx der Profiteure zu stellen, um die Risiken abzuwehren und das Wohl aller zu mehren?

Ohne den Druck des Volkes wäre das wohl wenig wahrscheinlich gewesen. Und den todbringenden Anlass für die Kompassidee, der den Überlebenden ihre endlichen Grenzen eingebrannt hat, gab es eben damals noch nicht!

Jedenfalls hat erst der Schrecken der Katastrophe die Bürger aus ihrem Phlegma gerissen, so dass sie gemeinsam ihren Zorn in Mut gewandelt und den Knoten mit dem Schwert zerschlagen haben, das ihnen ZEUS an die Hand gegeben hat. Heute nun gibt es keinen Zweifel mehr, dass dies die richtige Entscheidung war. Die Menschen haben sich ihrer Verantwortung gestellt und das demokratische System gegen undemokratische Einflüsse gewappnet. Vorher scheuten sie sich, der Wahrheit ins Auge zu sehen, sie war ihnen eine gefährliche Geliebte, die möglicherweise ihr persönliches Glück gefährdet hätte. Nach der Katastrophe haben sie verstanden, dass das gemeinsame Wohl Voraussetzung für ihr persönliches Glück ist und sich deswegen der Wahrheit anvertraut. Sie haben sich selbst zu Wächtern über eine zunehmend nachhaltige und gerechte Politik gemacht und damit endlich durchgesetzt, was gerade mit der Staatsform der Demokratie schon lange vorher hätte erreicht werden müssen."

In Eile, wie immer, steht Darwin auf, wünscht Georg weitere gesundheitliche Besserung und eine erfüllende Aufgabe für seinen zukünftigen Lebensweg und den beiden Politikaspiranten viel Kreativität und Erfolg bei ihrem Vorhaben, zukünftig dem Gemeinwohl zu dienen.

Im Biergarten sind inzwischen die meisten Plätze in der Nähe des Ausschanks besetzt, die Steckerlfische über dem Holzkohlenfeuer verbreiten ihren appetitlichen Geruch, die Menschen eilen geschäftig zwischen Brotzeitauslagen und Schenke hin und her. Der freundliche, dunkelhäutige Junge mit der karierten Schürze räumt die Maßkrüge und Gläser auf den Geschirrwagen, die Jungpolitiker bedanken sich, Georg umarmt

Marie, Michel und Prometheus, die kleine Gruppe löst sich auf und jeder zieht seines Wegs.

Während Michel seine Schritte unter den mächtigen Bäumen nach Hause lenkt, fällt ihm sein Märchenbuch ein. Er freut sich, dass das wirkliche Leben mit seinen oft verheerenden Dramen zuweilen auch positive Wendungen bereit halten kann.

Anhang:

Petition, Beispiel Kompassbericht

Petition

Kein Weiter-so! Regierung hat Erfolge beim Schutz von Natur und Menschenwürde nachzuweisen

https://www.change.org/p/petitionsausschuss-des-deutschen-bu
ndestages-post-pet-bundestag-de-kein-weiter-so-regierung-hat-e
rfolge-beim-schutz-von-natur-und-menschenwuerde-nachzuwei
sen
http://chng.it/Sj4xtRSWX5
http://chng.it/45fMCvbQ

Als Vater und Großvater verzweifle ich an den täglichen Medienberichten. Insbesondere der in unserem Grundgesetz verankerte Schutz von **Natur** und **Menschenwürde** wird zunehmend den Profitinteressen der Wirtschaft geopfert. Mehrt die Politik eigentlich noch unser Wohl oder wendet sie wenigstens Schaden von uns ab? Können wir unseren Kindern noch eine lebenswerte Zukunft ermöglichen?

Wie sieht die Antwort aus, wenn der Klimawandel unsere Existenz bedroht bzw. bereits vernichtet hat, unsere Gesundheit durch Luftverschmutzung sowie durch Chemie und Plastik in Trinkwasser und Nahrung Schaden nimmt, überflüssiger Konsum die Abfallmengen steigen lässt, wenn Böden, Gewässer und Meere vergiftet und verdreckt werden, Ressourcen, Landschaften und Wälder verschwinden sowie Lebewesen ausgerottet werden — oder wenn Menschen trotz Arbeit oder im Ruhestand ihr Leben nicht fristen oder sich nicht einmal eine Wohnung leisten können, wenn infolge klimatischer Veränderungen, Kriegen und Korruption weltweit Ströme von verzweifelten Flüchtlingen anwachsen, wenn Banden, Politextremisten und frustrierte Menschen zu Gewalt greifen, wenn seit Jahren Missstände in Pflege- und Bildungsstätten nicht abgestellt werden, wenn Wohlhabende reicher und andere immer ärmer werden?

Dazu kommt noch die ständige Plage durch Skandale, Betrügereien und Finanzschiebereien, über die täglich berichtet wird. In unserer Welt mit ihren nahezu unerschöpflichen Fähigkeiten könnte all dies vermieden werden — würden die geschilderten Defizite nicht aus Nachlässigkeit oder Gründen der Geschäftemacherei zugelassen.

Können denn Gesetzesvorgaben und die engen nationalen und internationalen Verflechtungen von Politik, Wirtschaft und Medienkonzernen gar nicht mehr sicherstellen, Unheil von uns Bürgern abzuhalten? Mussten deswegen auch seit Jahrzehnten die Warnungen von Wissenschaftlern, Verbänden, Journalisten, von Papst Franziskus (Enzyklika ‚Laudato si‘) und unzähligen anderen ungehört bleiben, die die Politik immer wieder an ihr stetig wachsendes Handlungsdefizit erinnern?

Niemand kann ernsthaft infrage stellen, dass wir unseren **Lebensraum Erde** auch für die künftigen Generationen schützen und pflegen müssen — ebenso wie einen **würdigen Umgang** von uns Menschen miteinander. Dazu zwingt uns unser begrenzter Planet mit einer weiter wachsenden Bevölkerung. Gerade weil diese Selbstverständlichkeit im Grundgesetz verankert ist, ist sie endlich zu einem klarer erkennbaren Kompass für jedes Handeln der Politik zu machen, der strikt zu befolgen ist. Wenn die beschriebenen Mängel nicht abgebaut und zukünftig vermieden werden, wird infolge der wachsenden Missstände verloren gegangenes Vertrauen in die Politik nicht zurückgewonnen werden können. Ein Wandel ist daher überfällig.

Da es Aufgabe der Politik ist, auch ohne ständige Erinnerung etwa durch Demonstrationen die Mängel zu erkennen und zu beseitigen, wollen wir zukünftig von ihr selbst über die <u>erreichten Fortschritte</u> beim Schutz der Kernansprüche von **Mensch** und **Natur** auf dem Laufenden gehalten werden:

<u>Beim Thema Natur wollen wir anhand von Daten etwa aufgezeigt bekommen, dass Luftverunreinigungen und Klimagase, Versiegelungen freier Landschaftsflächen, Rodungen von Wäldern, Bodenflächen ohne natürliche Fruchtbarkeit, Risikostoffe im Trinkwasser und in Gewässern, Verluste bei der Artenvielfalt sowie Abfallmengen erkennbar weniger werden. Beim Thema Menschenwürde ist uns zunächst wichtig, dass die Zahl der Beschäftigten ohne faire Arbeitsverträge und Entlohnungen sinkt, der Anteil der Arbeitslosen und Bedürftigen kleiner wird, die Missstände in Krankenhäusern, Pflegeheimen und Schulen abebben, die Allergie- und Krebserkrankungen zurückgehen, die No-go-Viertel verschwinden, die Zahl der unschuldig Verletzten und Getöteten abnimmt sowie die eklatanten Vermögensunterschiede abgebaut werden. Darüber hinaus möchten wir weitere Themen in bundesweiten Volksentscheiden setzen können.</u>

Ein solcher langjährig geltender Kompass für politisches Handeln mit transparenter Offenlegung des Erfolgs in der Sache bietet die Möglichkeit, die kollektive Verantwortungslosigkeit zu beenden und damit unsere demokratische Staatsform aufzuwerten. Seine Orientierung muss daher für jede Regierung verbindlich sein, so dass auch dem Markt langfristig nutzbringende Perspektiven an die Hand gegeben werden können. Damit kann zunächst in Deutschland begonnen werden. Wenn wir als der Souverän in einer Demokratie das nicht fordern, werden wir es auch nicht erhalten. In diesem Fall werden uns zukünftig Schädigungen bevorstehen, die unsere heutige Vorstellungskraft weit übersteigen dürften.

Der Deutsche Bundestag möge also von der Regierung einen Kompassbericht verlangen, der über die Entwicklung bei den angeführten Forderungen zugunsten von Mensch und Natur auf Grundlage von Bewertungen und Daten fachkompetenter und von der Politik unabhängiger Institutionen Auskunft gibt. Er ist alle zwei Jahre zu aktualisieren und zu veröffentlichen.

Anregungen dazu, wie eine Umsetzung der Kompasspolitik aussehen könnte, sind in meinem Ebook enthalten (s. Google: Urs Lupus - Demokraten, gebt eurer Politik einen Kompass), aus dem auch diese Petition abgeleitet ist. Das darin fiktiv beschriebene verheerende Klimadesaster sollte nicht erst eintreten müssen, damit wir endlich klüger werden.

Bitte unterstützen Sie meine Petition und verbreiten Sie sie unter Ihren Freunden und Bekannten. Eine bessere Chance, der Politik Handlungserfolge bei der Bewältigung der zentralen Zukunftsprobleme abzuverlangen, um damit das ‚Weiter-so‘ zu beenden, ist bisher nicht erkennbar.

Beispiel Kompassbericht
Urs Lupus
(Tabelle enthält Daten über die Mengenveränderungen von Jahr zu Jahr und
wird mit Kartendarstellungen ergänzt, die die noch bestehenden Mängel
standortbezogen aufzeigen)

Themen mit Mängeln, die zu beseitigen sind		
	Ausgangsdaten, z.B. 2018 Vergleichsgrundlage mit Angabe der Mengen	Zukunftsjahre Ziel: Abnahme
1	**Klimagase** (ausgestoßene Mengen an Kohlendioxid, Methan, Stickoxid, ….)	Kartendarstellung
2	**Luftverunreinigungen** (Feinstaub, Schwefeldioxid, Kohlenmonoxid, Stickoxide, andere Risikostoffe)	Kartendarstellung
3	**Versiegelungen freier Landschaftsflächen**	qkm, Anteile
4	**Rodungen von Wäldern**	qkm
5	**Bodenflächen ohne natürliche Fruchtbarkeit** (degradierte Böden, kein natürliches Bodenleben)	qkm, Kartendarstellung
6	**Risikostoffe im Trinkwasser** (z.B. Arzneimittel, Schwermetalle, Hormone, Mikroorganismen)	Kartendarstellung
7	**Risikostoffe in Gewässern** (Arzneimittel, Kosmetika, Pestizide, Dünger, Plastik, weitere Chemikalien)	Kartendarstellung
8	**Verluste bei der Artenvielfalt** (Tier-, Pflanzenarten)	Zahl, Anteile
9	**Abfallmengen**	Tonnen

10	**Beschäftigte ohne faire Arbeitsverträge und Entlohnungen**	Zahl, Anteile
11	**Arbeitslose, Bedürftige**	Zahl, Anteile
12	**Missstände in Krankenhäusern, Pflegeheimen, Schulen** (Fehlbehandlungen, Ausbildungsdefizit, Bezahlung, Personalmangel, Gebäudeschäden u.ä.)	Zahl, Anteile an Institutionen, Standorte
13	**Allergie- und Krebserkrankungen**	Zahl, Anteile
14	**No-go-Viertel** (Rechtsfreie Angstzonen mit Gewaltrisiko)	Zahl, Kartendarstellung
15	**Unschuldig Verletzte und Getötete** (infolge Unfall, Gewalttätigkeiten, resistenter Keime, Risikostoffe in Luft, Nahrung, Trinkwasser, ...)	Zahl, Anteile
16	**Vermögensunterschiede** (Unterschiede reich / arm)	Zahl, Anteile
	Weitere Themen (z.B. aus erfolgreichen Volksentscheiden)	

Unser Grundgesetz gibt der Politik den Schutz von Umwelt und Menschenwürde vor. Da er sich — wenn die Menschen überleben wollen — auf keinen Fall weiter verschlechtern darf, ist es Pflichtaufgabe der Politik, wenigstens bei allen hier dargestellten Themenbereichen Verbesserungen zu erreichen. Nur wenn dabei von neutraler Seite so schnell wie möglich und so lange wie notwendig Fortschritte nachgewiesen werden, sind Regierungsparteien erfolgreich und damit zur Wiederwahl geeignet.